HANS UND NIKI EIDENEIER • NEUGRIECHISCH IST GAR NICHT SO SCHWER

TEIL 1

HANS UND NIKI EIDENEIER

NEUGRIECHISCH

IST GAR NICHT SO SCHWER

TEIL 1

Ein Lehrgang mit vielen Liedern,
Illustrationen, Fotos sowie Karikaturen
von Kostas Mitropulos

5., verbesserte Auflage

DR. LUDWIG REICHERT VERLAG WIESBADEN

CIP-Einheitsaufnahme der Deutschen Bibliothek

Eideneier, Hans:

Neugriechisch ist gar nicht so schwer: / Hans u. Niki Eideneier. – Wiesbaden: Reichert

NE: Eideneier, Niki:

Teil 1.

[Hauptbd.]. Ein Lehrgang mit vielen Liedern, Illustrationen, Fotos – 5., verb. Aufl., – 1993.

ISBN 3-88226-595-7

Transkription der Lieder: Georgios Vasiloudis

Texterfassung: Maria Bogdanou
Layout: Werbeagentur Birkhölzer, Köln
Druck: Hubert & Co., Göttingen

Printed in Germany

Inhaltsverzeichnis

Vorwort zur fünften Auflage

Neugriechisch ist nicht schwerer zu erlernen als irgendeine andere Fremdsprache. Auch die griechischen Buchstaben haben, weil sich das lateinische aus dem griechischen Alphabet entwickelt hat, mehr Verbindendes als Trennendes. Mit dem hier vorliegenden Lehrwerk wird das Neugriechische nicht leichter, hoffentlich aber leichter zu erlernen. Zu einer Zeit, wo Griechenland als »Wiege unserer Kultur« auch als Mitglied der Europäischen Gemeinschaft voll integriert ist, wo nach 1963 auch 1979 der Nobelpreis für Literatur einem Griechen zuerkannt wurde, wo Hunderttausende von Griechen unter uns leben und wo die Neugriechischen Sprachkurse an Volkshochschulen und Universitäten allerorts überfüllt sind, empfanden wir seinerzeit den Mangel an einem erprobten und didaktisch vetretbaren Lehrgang des Neugriechischen als besonders schmerzlich.

Wenn die Frucht langjähriger Erprobung an den Universitäten Köln und Frankfurt/Main jetzt bereits in fünfter Auflage auf den Markt kommt, so hat sich das didaktische Grundprinzip, das wir seit der ersten Auflage verfolgt haben, bewährt:

Die Textstücke (Teil A jeder Lektion) sind so gut wie ausschließlich nachspielbare Dialoge, die in aufgelockerter Form die gewöhnlichsten Alltagssituationen einfangen. Ausschluß der Kinder-, Schul-, Omaszenerie, Einschluß der Erwachsenenatmosphäre, oft auch im Kontrast Grieche — Ausländer mit gesichertem Sprachmaterial.

Klar gegliederte, von allem Ballast befreite Erklärung des neuen Grammatikstoffes (Teil B) unter Berücksichtigung der Kontrastivistik, das heißt die griechischen Regeln werden von einer deutschen Grammatikgrundlage her erklärt und ermöglichen damit auch zugleich den Gebrauch des Lehrgangs im Selbstunterricht. Neue Einteilungsprinzipien bei Konjugation und Deklination erwuchsen einzig und allein aus dem streng eingehaltenen Prinzip der Beschränkung auf das Wesentliche.

Der Grammatikstoff ist in herkömmlicher Weise »in großen Schritten« fortschreitend, da die im deutschsprachigen Raum zur Zeit noch ausschließlich geübte Praxis der wenigen Unterrichtsstunden ein Intensivprogramm mit »kleinen Schritten« noch nicht zuläßt.

Umfangreiches Übungsmaterial (Teil C), ausgehend von der inhaltlichen Erarbeitung des vorgegebenen Textstücks und der grammatischen Bewußtmachung über die Einübung des neuen Grammatikstoffs bis hin zur selbständigen Sprach- und Sprechbeherrschung durch die Vorlage von weiteren Kurzszenen, nachspielbaren Spielanleitungen und Sprechanlässen.

Den Lektionen 3-23 ist jeweils ein griechisches Lied (altes oder modernes, immer aber populäres Volkslied) mit Noten, griechischem Text und deutscher Übersetzung mitgegeben, was nicht nur die Unterrichtsatmosphäre entscheidend auflockert und nicht nur einen Fundus mit 21 der gängigsten Lieder darstellt, sondern den vielfach vorhandenen Zugang zum Neugriechischen über die griechische Musik bewußt unterstützt. Eine oft gewünschte Begleitkassette mit den im Lehrbuch vorkommenden Liedern wird ab Winter 1993 ebenfalls zur Verfügung stehen.
Die neuen Wörter jeder Unterrichtseinheit (Teil D) sind auch im Gesamtglossar des jeweiligen Bandes sowohl griechisch-deutsch als auch deutsch-griechisch verzeichnet. Auf das Prinzip des »Grundwortschatzes« wurde geachtet.
Das Lehrwerk findet seine Ergänzung mit dem »Schlüssel und methodischen Hinweisen für den Lehrer«, den Sprachkasetten sowie dem gesonderten Heft »Grundwortschatz, Grundgrammatik«, wo die hier behandelten Erscheinungen systematisch aufgearbeitet und erweitert sind. Der vorliegende Teil 1 wird durch Teil 2 in gleicher Art fortgesetzt, wogegen der Teil 3 eine große Zahl von Einzeltexten verschiedenen Schwierigkeitsgrads zu den wichtigsten Themenbereichen mit den notwendigen Erläuterungen enthält.
Mit viel Ernst sind wir an die Auflockerung des Unterrichtsmaterials gegangen. Die Zeichnungen von Kostas Mitropulos, einem der bekanntesten griechischen Karikaturisten, die Fotos und Collagen, meist von Klaus Eckhardt, und nicht zuletzt die Lieder sollten ein Unterrichtswerk abrunden, das neben dem Anspruch der korrekten sachlichen Information den der Didaktik ohne Hürden stellt. Hier darf ein Hinweis für die Lehrer, die mit diesem Buch arbeiten werden, nicht fehlen: das Anschauungsmaterial bietet eine Menge Anlässe zu zusätzlichen Gesprächen, Beschreibungen und weiteren Dialogen, die den Unterricht erweitern, intensivieren und nicht zuletzt zu seiner individuellen Gestaltung beitragen. Der Lehrer muß nicht alle Möglichkeiten der Übungen und Aufgaben ausschöpfen, vielmehr liegt die Absicht zugrunde, ihm möglichst reichhaltige Angebote zu bieten, aus denen er auswählen kann.
Für die 5. Auflage von Teil 1 wurde das Buch neu gestaltet, Lektion 2 sowie Test 1 völlig neu konzipiert, die »Spielanleitungen« konkretisiert und das »Preisgefüge« der Zeit angepaßt. Da der »Schlüssel« und die Sprachkassette nicht zum gleichen Zeitpunkt wechseln, gibt es hier für eine Übergangszeit geringe Abweichungen, für die wir um Verständnis bitten.

Vorwort zur fünften Auflage

Allen, die uns auf die eine oder andere Weise bei der Erprobung des Materials mit Rat und Tat zur Seite standen, sei herzlich gedankt. Sie haben mit uns versucht, mit einem Lehrwerk des Neugriechischen den Kreis der Griechenlandfreunde zu erweitern. Und für diesen Versuch ist uns keine Mühe zu groß.

Köln, Sommer 1993

Hans und Niki Eideneier

Στους μαθητές μας

ΚΑΘΕ ΑΡΧΗ ΚΑΙ ΔΥΣΚΟΛΗ

Πού είναι η Βόνη;

- Αυτή είναι η **ΑΘΗΝΑ**.
  Η **ΑΘΗΝΑ** είναι στην **ΕΛΛΑΔΑ**.
- Αυτή είναι η **ΘΕΣΣΑΛΟΝΙΚΗ**.
  Και η **ΘΕΣΣΑΛΟΝΙΚΗ**
  είναι στην **ΕΛΛΑΔΑ**.
- Πού είναι η **ΣΠΑΡΤΗ**;
  Η **ΣΠΑΡΤΗ** είναι
  στην **ΕΛΛΑΔΑ**.
- Πού είναι η **ΛΑΜΙΑ**;
  Η **ΛΑΜΙΑ** είναι εδώ.
- Πού είναι η **ΚΟΖΑΝΗ**;
  Η **ΚΟΖΑΝΗ** είναι εδώ.
- Πού είναι η **ΣΕΡΙΦΟΣ**;
  Η **ΣΕΡΙΦΟΣ** είναι εδώ.
- Πού είναι η **ΧΙΟΣ**;
  Η **ΧΙΟΣ** είναι εδώ.
  Η **ΧΙΟΣ** είναι στην **ΕΛΛΑΔΑ**.

- Πού είναι η **ΚΡΗΤΗ**;
  Η **ΚΡΗΤΗ** είναι στην **ΕΛΛΑΔΑ**.

Εδώ είναι η **ΚΡΗΤΗ**.
Η **ΚΝΩΣΣΟΣ** είναι στην **ΚΡΗΤΗ**.

ΥΒΟΠΝΗ
Η ΒΟΠΝΗ
Η ΒΟΝΗ

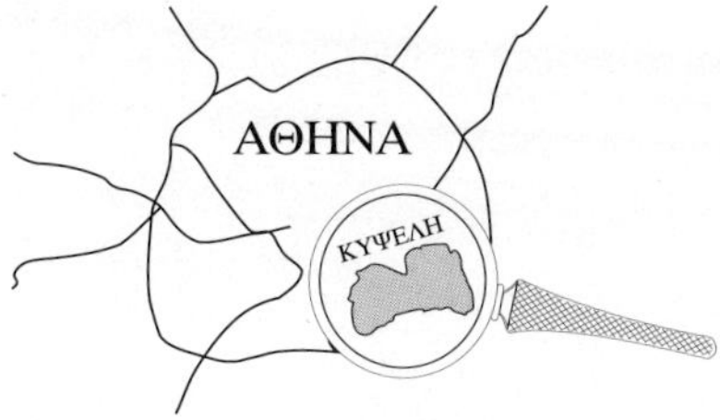

- Πού είναι η **ΚΥΨΕΛΗ**;
  Η **ΚΥΨΕΛΗ** είναι στην **ΑΘΗΝΑ**.

- Αυτός είναι ο **ΒΟΛΟΣ**.
  Αυτός είναι ο **ΠΟΛΥΓΥΡΟΣ**.
  Αυτό είναι το **ΞΥΛΟΚΑΣΤΡΟ**.
- Ο **ΠΟΛΥΓΥΡΟΣ** είναι στην **ΕΛΛΑΔΑ**;
  Ναι, ο **ΠΟΛΥΓΥΡΟΣ** είναι στη **ΕΛΛΑΔΑ**.
- Ο **ΒΟΛΟΣ** είναι στην **ΕΛΛΑΔΑ**;
  Ναι, ο **ΒΟΛΟΣ** είναι στην **ΕΛΛΑΔΑ**.
- Το **ΞΥΛΟΚΑΣΤΡΟ** είναι στην **ΕΛΛΑΔΑ**;
  Ναι, το **ΞΥΛΟΚΑΣΤΡΟ** είναι στην **ΕΛΛΑΔΑ**.

- Και πού είναι η **ΒΟΝΝΗ**;
  Η **ΒΟΝΝΗ** είναι στην **ΕΛΛΑΔΑ**;

  Όχι, η **ΒΟΝΝΗ** είναι στη **ΓΕΡΜΑΝΙΑ**

- Η **ΒΟΝΗ** είναι στην **ΚΡΗΤΗ**.

Καβάλα
Θεσσαλονίκη
Πολύγυρος
Άθως
Κοζάνη
Λιτόχωρο
Κέρκυρα
Βόλος
Σκόπελος
Λαμία
Χίος
Ιθάκη
Ξυλόκαστρο
Αθήνα
Κόρινθος
Ολυμπία
Πελοπόννησος
Τήνος
Κυψέλη
Καλαμάτα
Σπάρτη
Σέριφος
Νάξος
Αμοργός
Ρόδος
Βόνη
Κνωσός
Κρήτη
ΕΛΛΑΔΑ

Das griechische Alphabet

Buchstabe		Beispiel		Name	Lautwert
Α	α	**Α**ΘΗΝ**Α**	**Α**θήν**α**	άλφα	a
Β	β	ΚΑ**Β**ΑΛΑ	Κα**β**άλα	βήτα	v (wie in **V**illa)
Γ	γ	ΠΟΛΥ**Γ**ΥΡΟΣ ΑΜΟΡ**Γ**ΟΣ	Πολύ**γ**υρος Αμορ**γ**ός	γάμα	j g
Δ	δ	ΕΛΛΑ**Δ**Α	Ελλά**δ**α	δέλτα	th (wie engl. **th**at)
Ε	ε	ΣΚΟΠ**Ε**ΛΟΣ	Σκόπ**ε**λος	έψιλον	ä
Ζ	ζ	ΚΟ**Ζ**ΑΝΗ	Κο**ζ**άνη	ζήτα	s (stimmhaft)
Η	η	ΚΡ**Η**Τ**Η**	Κρ**ή**τ**η**	ήτα	i
Θ	θ	Ι**Θ**ΑΚΗ	Ι**θ**άκη	θήτα	th (wie engl. **th**anks)
Ι	ι	ΘΕΣΣΑΛΟΝ**Ι**ΚΗ	Θεσσαλον**ί**κη	γιώτα	i
Κ	κ	**Κ**ΕΡ**Κ**ΥΡΑ	**Κ**έρ**κ**υρα	κάππα	k
Λ	λ	Ο**Λ**ΥΜΠΙΑ	Ο**λ**υμπία	λάμδα	l
Μ	μ	ΛΑ**Μ**ΙΑ	Λα**μ**ία	μι	m
Ν	ν	ΤΗ**Ν**ΟΣ	Τή**ν**ος	νι	n
Ξ	ξ	ΝΑ**Ξ**ΟΣ	Νά**ξ**ος	ξι	x
Ο	ο	Β**Ο**Λ**Ο**Σ	Β**ό**λ**ο**ς	όμικρον	o
Π	π	**Π**ΕΛΟ**Π**ΟΝΝΗΣΟΣ	**Π**ελο**π**όννησος	πι	p
Ρ	ρ	ΣΠΑ**Ρ**ΤΗ	Σπά**ρ**τη	ρο	r
Σ	σ, ς	ΚΝΩ**Σ**Ο**Σ**	Κνω**σ**ό**ς**	σίγμα	s (stimmlos)
Τ	τ	ΚΑΛΑΜΑ**Τ**Α	Καλαμά**τ**α	ταυ	t
Υ	υ	Ξ**Υ**ΛΟΚΑΣΤΡΟ	Ξ**υ**λόκαστρο	ύψιλον	i
Φ	φ	ΣΕΡΙ**Φ**ΟΣ	Σέρι**φ**ος	φι	f
Χ	χ	**Χ**ΙΟΣ ΛΙΤΟ**Χ**ΩΡΟ	**Χ**ίος Λιτό**χ**ωρο	χι	ch (wie in »kichern«) ch (wie in »kochen«)
Ψ	ψ	ΚΥ**Ψ**ΕΛΗ	Κυ**ψ**έλη	ψι	ps
Ω	ω	ΑΘ**Ω**Σ	Άθ**ω**ς	ωμέγα	o

← Alle als Beispiele verwendeten Namen finden Sie auf nebenstehender Karte von Griechenland.

η	Αθήνα	Athen
ο	Βόλος	Volos
το	Ξυλόκαστρο	Xylokastro

Alle Orts- und auch Eigennamen, stehen außer in der Anrede mit dem bestimmten Artikel.

Akzente

Alle mehr als einsilbigen Wörter tragen als Akzentzeichen einen »Akut« (οξεία). Dieser Akzent steht auf dem Vokal einer Silbe, der innerhalb eines Wortes stärker betont wird als die anderen Silben im Wort: η Αθήνα — Athén.
Der Wortakzent kann im Griechischen nicht über die drittletzte Silbe hinausgehen.
An diesen Wortakzent werden sich gewöhnen müssen einmal das Auge, wenn es beim Lesen die Stelle der stärkeren Betonung sucht, und einmal die Hand, wenn sie beim Schreiben griechischer Wörter die erlernte Wortbetonung mit aufs Papier bringt.
Es gibt auch einsilbige Wörter, die betont sind und dennoch keinen Akzent tragen: δε(ν) »nicht«.
Von einsilbigen Wörtern tragen nur die folgenden drei einen Akzent: πού in der Bedeutung »wo?«, πώς in der Bedeutung »wie?«, und ή in der Bedeutung »oder«, um sie von που, πως und η in anderer Bedeutung auch graphisch zu unterscheiden.
Bei betonten Großbuchstaben (am Satzanfang und bei Namen) steht der Akzent oben vor dem Buchstaben: Άθως.

Satzzeichen

Punkt, Doppelpunkt, Komma und Ausrufungszeichen sind im Griechischen und Deutschen gleich; deutschem Fragezeichen entspricht im Griechischen ein Strichpunkt (;), deutschem Strichpunkt entspricht im Griechischen ein hochgesetzter Punkt (·).

. = .	
: = :	? = ;
, = ,	; = ·
! = !	

1 Πού είναι η .... (**ΒΟΝΗ**);

Πού είναι η **Βόνη**;

Αυτή είναι η .... (ΑΘΗΝΑ). Η .... (ΑΘΗΝΑ) είναι στην .... (ΕΛΛΑΔΑ). Αυτή είναι η .... (ΘΕΣΣΑΛΟΝΙΚΗ). Και η .... (ΘΕΣΣΑΛΟΝΙΚΗ) είναι στην .... (ΕΛΛΑΔΑ). Εδώ είναι η .... (ΚΡΗΤΗ). Η .... (ΚΝΩΣΟΣ) είναι στην .... (ΚΡΗΤΗ). Πού είναι η .... (ΚΡΗΤΗ); Η .... (ΚΡΗΤΗ) είναι στην .... (ΕΛΛΑΔΑ). Πού είναι η .... (ΣΠΑΡΤΗ); Η .... (ΣΠΑΡΤΗ) είναι στην .... (ΕΛΛΑΔΑ). Πού είναι η .... (ΚΟΖΑΝΗ); Η .... (ΚΟΖΑΝΗ) είναι στην .... (ΕΛΛΑΔΑ). Πού είναι η .... (ΣΕΡΙΦΟΣ); Η .... (ΣΕΡΙΦΟΣ) είναι στην .... (ΕΛΛΑΔΑ). Πού είναι η .... (ΚΥΨΕΛΗ); Η .... (ΚΥΨΕΛΗ) είναι στην .... (ΑΘΗΝΑ). Αυτός είναι ο .... (ΒΟΛΟΣ). Αυτός είναι ο .... (ΠΟΛΥΓΥΡΟΣ). Αυτό είναι το .... (ΞΥΛΟΚΑΣΤΡΟ). Ο .... (ΠΟΛΥΓΥΡΟΣ) είναι στην .... (ΕΛΛΑΔΑ); Ναι, ο .... (ΠΟΛΥΓΥΡΟΣ) είναι στην .... (ΕΛΛΑΔΑ). Ο .... (ΒΟΛΟΣ) είναι στην .... (ΕΛΛΑΔΑ); Ναι, ο .... (ΒΟΛΟΣ) είναι στην .... (ΕΛΛΑΔΑ). Το .... (ΞΥΛΟΚΑΣΤΡΟ) είναι στην .... (ΕΛΛΑΔΑ); Ναι, το .... (ΞΥΛΟΚΑΣΤΡΟ) είναι στην .... (ΕΛΛΑΔΑ). Και πού είναι η .... (ΒΟΝΝΗ); Η .... (ΒΟΝΝΗ) είναι στην .... (ΕΛΛΑΔΑ); Όχι, η .... (ΒΟΝΝΗ) είναι στη .... (ΓΕΡΜΑΝΙΑ). Η .... (ΒΟΝΗ) είναι στην .... (ΚΡΗΤΗ).

2 Πού είναι η .... (**Naxos**);

Πού είναι η **Νάξος**;

Πού είναι η .... (Olympia); Πού είναι η .... (Kavala); Πού είναι η .... (Korfu); Πού είναι η .... (Peloponnes); Πού είναι η .... (Thessaloniki); Πού είναι η .... (Knossos); Πού είναι η .... (Griechenland); Πού είναι η .... (Bonn);

3 Αυτή είναι η .... (**Amorgos**).

Αυτή είναι η **Αμοργός**.

Αυτή είναι η .... (Sparta). Αυτή είναι η .... (Athen). Αυτή είναι η .... (Ithaka). Αυτή είναι η .... (Knossos). Αυτή είναι η .... (Kreta). Αυτή είναι η .... (Kalamata). Αυτή είναι η .... (Griechenland). Αυτή είναι η .... (Deutschland).

4 Αυτός είναι ο .... (**Volos**).

Αυτός είναι ο **Βόλος**.

Αυτός είναι ο .... (Polyjyros).

Αυτός είναι ο .... (Athos).

5 Αυτό είναι το .... (**Litochoro**).

Αυτό είναι το **Λιτόχωρο**.

Αυτό είναι το .... (Xylokastro).

6 Η Αθήνα είναι στην Ελλάδα;

Ναι, η Αθήνα είναι στην Ελλάδα.

Η Θεσσαλονίκη είναι στην Ελλάδα;

Η Κρήτη είναι στην Ελλάδα;

Η Ολυμπία είναι στην Πελοπόννησο;

Η Χίος είναι στην Ελλάδα;

Η Κυψέλη είναι στην Αθήνα;

Η Βόννη είναι στη Γερμανία;

Ο Βόλος είναι στην Ελλάδα;

Η Κνωσός είναι στην Κρήτη;

7 Η Βόννη είναι στην Ελλάδα;

Όχι, η Βόννη είναι στη Γερμανία.

Η Νάξος είναι στη Γερμανία;

Η Κυψέλη είναι στη Θεσσαλονίκη;

Η Κνωσός είναι στην Πελοπόννησο;

Το Ξυλόκαστρο είναι στην Κρήτη;

Η Ιθάκη είναι στη Γερμανία;

Η Βόνη είναι στη Γερμανία;

8 Fragen Sie sich gegenseitig und mit Hilfe der Karten nach Orts- und Ländernamen.

Καινούριες λέξεις	Neue Wörter
Πού είναι η Βόνη;	Wo ist Voni?
Αυτή είναι η Αθήνα	Das ist Athen
Η Αθήνα είναι στην Ελλάδα	Athen ist in Griechenland
Και η Θεσσαλονίκη είναι στην Ελλάδα	Auch Thessaloniki ist in Griechenland
Η Κοζάνη είναι εδώ	Kosani ist hier
Εδώ είναι η Κρήτη	Hier ist Kreta
Αυτός είναι ο Βόλος	Das ist Volos
Αυτό είναι το Ξυλόκαστρο	Das ist Xylokastro
Ο Πολύγυρος είναι στην Ελλάδα;	Ist Polyjyros in Griechenland?
Ναι, ο Πολύγυρος είναι στην Ελλάδα	Ja, Polyjyros ist in Griechenland
Και πού είναι η Βόννη;	Und wo ist Bonn?
Όχι, η Βόννη είναι στη Γερμανία	Nein, Bonn ist in Deutschland

ΕΛΛΗΝΙΚΗ ΡΑΔΙΟΦΩΝΙΑ – ΤΗΛΕΟΡΑΣΗ

Πρώτο πρόγραμμα

Παιδικό μεσημέρι:
Γεια σας παιδιά!

Ειδήσεις.

Αθλητικό πανόραμα:
Κοντά σας και πάλι.

Ελληνική μουσική και τραγούδια:
Μαρία Φαραντούρη - Γιώργος Νταλάρας σε έργα Μίκη Θεοδωράκη, Μάνου Χατζιδάκη και παλιά ρεμπέτικα. Μπουζούκι: Χρήστος Νικολόπουλος, Παύλος Ευαγγελίδης.

Θέατρο σκιών »Ο Καραγκιόζης«:
Ευγένιος Σπαθάρης,
»Ο Μεγαλέξαντρος και το καταραμένο φίδι«.

Τηλεπαιχνίδια:
»Μαζί στις οχτώ«. Με το Λάκη Λαζόπουλο.

Τα νέα της εβδομάδας.

Ξένοι χοροί:
Αργεντινά ταγκό.

Ο κόσμος των σπορ:
Μπάσκετ. Παίζουν:
ΑΡΗΣ – ΘΕΣΣΑΛΟΝΙΚΗΣ εναντίον ΜΠΑΓΙΕΡ – ΛΕΒΕΡΚΟΥΖΕΝ για το Ευρωπαϊκό Κύπελλο.

Ξένη ταινία:
ΚΑΖΑΜΠΛΑΝΚΑ.
Με τους Ίγκριντ Μπέργκμαν και Χάμφρεϋ Μπόγκαρτ.

Κλήρωση:
»Συγχαρητήρια, κερδίσατε!«

Έτσι χορεύει η Ελλάδα:
Το συγκρότημα της Ντόρας Στράτου με χορούς από την Κρήτη, Πελοπόννησο, Μακεδονία.

Ελληνική κωμωδία:
»Όχι πια δάκρυα«. Με τους: Αλίκη Βουγιουκλάκη, Δημήτρη Παπαμιχαήλ, Χρήστο Χατζηχρήστο.

Ξένο τραγούδι. Απόψε:
Τίνα Τέρνερ, Ούντο Λίντενμπεργκ, Μαντόνα, Μάικλ Τζάκσον.

Ειδήσεις, Ρεπορτάζ, σχόλια.

Κλασικό μπαλέτο:
Τσαϊκόφσκυ, »Η λίμνη των κύκνων«.

Νυχτερινή συναυλία κλασικής μουσικής:
Έργα Μπαχ, Μπετόβεν, Μότσαρτ. Παίζει η Συμφωνική Ορχήστρα Βερολίνου, διευθύνει ο Χέρμπερτ φον Κάραγιαν.

Εθνικός ύμνος.

Die Mehrheit der griechischen Wörter besteht aus einem Vokal oder der Aufeinanderfolge von Vokal(en) und einfachem/-en Konsonanten. Gewöhnlich folgt auf einen oder mehreren Konsonanten ein Vokal, so daß wir immer offene Silben haben.

Geschrieben wird

- ❒ der a-Laut mit α,
- ❒ der e (ä)-Laut mit ε oder mit αι,
- ❒ der i-Laut mit ι oder η oder υ oder ει oder οι,
- ❒ der o-Laut mit ο oder ω,
- ❒ der u-Laut mit ου.

- ❒ Einfache Konsonanten sind: β, γ, δ, ζ, θ, κ, λ, μ, ν, π, ρ, σ (ς), τ, υ (in Verbindung von αυ oder ευ), φ, χ.

Konsonantenhäufung (»Wirtschaftsgipfel, Wortschatz, Kreuzworträtsel, Topfpflanzenmarkt, Breitmaulfrosch«) ist im Griechischen unmöglich, was nicht heißt, daß nicht bis zu vier Konsonanten aufeinanderfolgen können: Ευστράτιος (ευ- wie ef- gesprochen).
Im Deutschen ist das Angebot, eine Silbe zu schließen, unbegrenzt: Breit-Maul-Frosch. Im Griechischen können nur die »Konsonanten« (es sind im Grunde sehr schwache Konsonanten) n (ν) s (σ, ς), r (ρ) und f (φ, υ) eine offene Silbe zu einer geschlossenen machen. Das Prinzip der offenen Silbe wird also nur oberflächlich aufgegeben.

Etwa bei folgenden Namen:

1. Ο Κώστας και ο Βαγγέλης με την Ευαγγελία και τη Δέσποινα.

2. Ο Λεφτέρης και ο Δημήτρης και ο Γιώργος και ο Απόστολος με την Άρτεμη ή η Άρτεμη με το Λεφτέρη και το Δημήτρη και το Γιώργο και τον Απόστολο.

3. Ο Γρηγόρης και ο Σταμάτης, ο Σπύρος και ο Στέφανος,
ο Χρήστος και ο Πέτρος, ο Μήτσος και ο Αλέξης,
ο Αντώνης και ο Παντελής, η Όλγα και ο Σοφοκλής,
ο Σταύρος και ο Παύλος, ο Χαράλαμπος και ο Χριστόφορος.
Και η Αγγέλα;

Schwierig zu sprechen sind die griechischen Laute also nicht. Von Anfang an sollte darauf geachtet werden, daß

- ❐ e-Laute immer offene ä-Laute (Ελένη äläni),
- ❐ o-Laute immer offene ə-Laute sind (Απόστολος apəstələs),
- ❐ die p-, t-, und k-Laute nicht behaucht werden (Πόπη bobi wie in deutsch »Preis«, Τάκης dagis wie in deutsch »Stern«, Κώστας wie in deutsch »klein«),
- ❐ s vor oder zwischen Vokalen nicht stimmhaft gesprochen werden (Σάκης, Σούλα, Θανάσης ssagis, ssula, θanassis).

Nur das γ und das χ verlangen eine Sonderbehandlung:

- ❐ γ ist vor a-, o- und u-Lauten sowie vor Konsonanten »weich« zu sprechen, in allen anderen Fällen wie deutsch j,
- ❐ χ richtet sich in seiner Aussprache nach dem folgenden Laut, nicht, wie im Deutschen, nach dem vorausgehenden:

➔ Ist der folgende Laut ein heller Vokal (e oder i), so wird der ch-Laut »hell« gesprochen, und zwar unabhängig von dem vorausgehenden Vokal.
Bsp. όχι mit ch-Laut wie im deutsch »ich, Chirurg«.

➔ Ist der folgende Laut ein dunkler Vokal (a, o, u) oder ein Konsonant, so wird der ch-Laut »dunkel« gesprochen, und zwar unabhängig von dem vorausgehenden Vokal.
Bsp. έχω, οχτώ mit ch-Laut wie im deutsch »Koch, acht«.

Bevor Sie also über Grie**ch**en la**ch**en, die in Aa**ch**en studieren und diesen ch-Laut »hell« aussprechen (griechisch μάχη), sollten Sie an die richtige Aussprache Ihres όχι, όχι denken und nicht ochi, ochi sagen.

Es gibt über die genannten Konsonanten hinaus noch ein paar Laute, die im Griechischen mit zwei Buchstaben wiedergegeben werden und damit ein bißchen Verwirrung stiften.

Es geht um die b-, d- und g-Laute, die mit μπ, ντ und γκ bzw. γγ geschrieben werden. Diese Buchstabenkombinationen kommen natürlich gern bei der Umschreibung von ausländischen Eigen- oder Ortsnamen ins Griechische vor: Γκρέγκορ, Γκέρτρουντ, Μπριζίτ Μπαρντό, Ντάστιν Χόφμαν.

Zusätzlich schwierig wird es bei Ούντο Λίντενμπεργκ, nicht wegen des d in Udo oder der b und g in -berg, sondern wegen des nd in Linden-, da vor dem d im Deutschen bereits ein n gesprochen und geschrieben wird, das im Griechischen aber nicht mehr geschrieben werden kann. Ein korrekt sprechender Grieche könnte also in einem ausländischen Namen »Lidenberg« sprechen.

Daß er aber hier nicht ganz korrekt spricht, hat einen anderen Grund: es gibt die Buchstabenkombination μπ, ντ und γκ (γγ) auch in genuin griechischen Wörtern: Χαράλαμπος, Κωνσταντίνος, Γιάγκος. Und in diesen Wörtern haben m-, n- bzw. g- die Funktion der Nasalierung des folgenden Lauts: charalambos, konsdandinos, janggos. Da dem Griechen die Buchstabenkombinationen μπ, ντ und γκ (γγ) also zunächst einmal aus griechischen Wörtern geläufig sind, spricht er die Laute b, d und g, auch wenn sie am Beginn eines ausländischen Wortes stehen, in der Regel mit einem leichten Anfangsnasal aus: mbrand Brandt, andenauer Adenauer, nggräta nggarmbo Greta Garbo.

Im übrigen tauchen diese Laute auch in griechischen Eigennamen auf: Μπάμπης, Ντίνος.

Kombinationen einzelner Buchstaben

Beispiel	Buchstabenkombination	Aussprache	
παιδιά	αι	ä,	aber: Μάικλ, ευρωπαϊκό: ai
είναι	ει	i	
χοροί	οι	i,	aber κομπολόι: oi
μουσική	ου	u	
αυτός	αυ	af	vor stimmlosem Konsonant
αύριο	αυ	av	in allen sonstigen Fällen
διευθύνει	ευ	ef	vor stimmlosem Konsonant
ευρωπαϊκό	ευ	ev	in allen sonstigen Fällen
Ευαγγελίδης	γγ	ng + g wie »Angelika«	
συγχαρητήρια	γχ	ng + ch	
μπουζούκι, Χέρμπερτ	μπ	b	in fremden Eigennamen und Fremdwörtern, meist am Wortanfang
Ολυμπία	μπ	mb	im Wortinneren (außer in Fremdwörtern)
Ντόρα, Ούντο	ντ	d	in fremden Eigennamen und Fremdwörtern, meist am Wortanfang
κοντά	ντ	nd	im Wortinneren (außer in Fremdwörtern)
Μπόγκαρτ	γκ	g	in fremden Eigennamen und Fremdwörtern, meist am Wortanfang
συγκρότημα	γκ	ng + g	im Wortinneren (außer in Fremdwörtern)

Bei Vokalkombinationen steht das Betonungszeichen auf dem zweiten Element, wenn nur ein Vokallaut bezeichnet werden soll: παίζουν, είναι, μπουζούκι, αύριο. Werden zwei aufeinanderfolgende Vokale getrennt ausgesprochen und ist der eine der beiden Vokale betont, so wird dies mit dem Betonungszeichen auf dem entsprechenden Vokal bzw. mit Trennpunkten vermerkt: Μάικλ, κομπολόι, καΐκι.

Werden zwei aufeinanderfolgende Vokale getrennt ausgesprochen und tragen keinen Akzent, so setzt man auf den zweiten Vokal Trennpunkte: ευρωπαϊκό.

Doppelkonsonantische historische Schreibweisen wie Ελλάδα, πρόγραμμα, Πελοπόννησος, Θεσσαλονίκη haben keinen Einfluß auf die Aussprache.

Zusammenfassung zu Laut — Schrift — Aussprache

a) Vokale

Laut	Schrift	Beispiel	Erläuterungen
a	α	Αθήνα	kurzes a = D**a**ch
e (ä)	ε, αι	Κέϱκυϱα, παίζουν	kurzes, offenes ä = H**e**rr
i	ι, η, υ, ει, οι	μουσική, διευθύνει, χοϱοί	kurzes i = b**i**tte
o	ο, ω	Κνωσός	kurzes, offenes o = T**o**chter
u	ου	πού	kurzes u = L**u**st

b) Konsonanten

Laut	Schrift	Beispiel	Erläuterungen
p	π	παίζουν	ohne Behauchung wie französisch »**p**ommes«
ps	ψ	Κυψέλη	
b	μπ	μπουζούκι	
f	φ	φίδι	
w	β	Καβάλα	wie in **W**ein
t	τ	Κϱήτη	ohne Behauchung wie französisch »**t**ête«
d	ντ	Ντόϱα	
th	θ	Αθήνα	th in englisch »**th**anks«
d	δ	Ρόδος	th in englisch »**th**at«
s	a) σ, ς	Κνωσός	a) stimmlos: Stra**ß**e
	b) σ	κόσμος	b) stimmhaft vor stimmhaften Konsonanten: Ro**s**e
ts	τσ	έτσι	wie in **Z**iege
tz	τζ	Χατζιδάκης	
k	κ	κοντά	ohne Behauchung wie französisch »**q**uatre«

Laut	Schrift	Beispiel	Erläuterungen
		Ιθάκη	a) vor i- und e-Lauten: k + schwaches j b) hinter einem a-, o- oder u-Laut wird vor dem k ein schwacher i-Laut gesprochen.
ks	ξ	Νάξος	
g	γκ	Μπόγκαρτ	
g	γ	Πολύγυρος Γερμανία	a) vor i- und e-Lauten: j wie **j**eder
		Αμοργός πρόγραμμα	b) vor a-, o- oder u-Lauten und vor Konsonanten wie »weiches« g
ch	χ	όχι	a) »helles ch«. Griechisch χ **vor** e- und i-Lauten entspricht deutschem ch-Laut **nach** e- und i-Lauten (Echo) (also umgekehrt wie im Deutschen): China, Chirurg.
		έχω	b) »dunkles ch«. Griechisch χ **vor** a-, o- und u-Lauten und vor Konsonanten entspricht deutschem ch-Laut **nach** a-, o- und u-Lauten (kochen) (also umgekehrt wie im Deutschen).
r	ρ	Σπάρτη	»Zungenspitzen-r«
l	λ	Ολυμπία	
m	μ	Καλαμάτα	
n	ν	Αθήνα	

Besonders zu beachten sind:

1. Es gibt im Griechischen keine langen Vokale wie im Deutschen. Alle Vokale sind gleich kurz.
2. Kein »Knacklaut«, kein Neuansatz zwischen den Wörtern: πού είναι η Αθήνα = πούείναιηαθήνα zu sprechen.

Zusammenfassung in alphabetischer Reihenfolge

Buchstabe	Lautwert	Beispiel
α	a	Αθήνα
αι	ä	ταινία
αυ	af	αυτός
	av	αύριο
β	w	εβδομάδα
γ	j	Γερμανία
	»gh«	πρόγραμμα
γγ	ng + g	Ευαγγελίδης
γκ	ng + g	συγκρότημα
	g	Μπόγκαρτ
γχ	ng + ch	συγχαρητήρια
δ	d (»th«)	Ελλάδα
ε	ä	νέα
ει	i	ειδήσεις
ευ	ef	διευθύνει
	ev	χορεύει
ζ	s (stimmhaft)	παίζουν
η	i	Κρήτη
θ	y (»th«)	εθνικός
ι	i	μαζί
κ	k (ohne »Behauchung«) = ki	Μακεδονία
	k	κοντά
λ	l	πάλι
μ	m	μεσημέρι
μπ	mb	Ολυμπία
	b	μπουζούκι
ν	n	Θεσσαλονίκη
ντ	nd	Μεγαλέξαντρος
	d	Ντόρα
ξ	x	Νάξος
ο	o (offen!)	πρόγραμμα
οι	i	χοροί

Grammatik

Buchstabe	Lautwert	Beispiel
ου	u	παίζουν
π	p (ohne »Behauchung«)	Πελοπόννησος
ϱ	r (rollend)	πϱώτο
σ (Wortende: ς)	s (stimmlos) s (stimmhaft)	γειά σας κόσμος
τ	t (ohne »Behauchung«)	Κϱήτη
τζ	tz (stimmhaftes s)	Χατζιδάκης
τσ	ts (stimmloses s)	έτσι
υ	i	δάκϱυα
φ	f	φίδι
χ	ch (hell wie in »ich«) ch (dunkel wie in »ach«)	όχι έχω, οχτώ
ψ	ps	απόψε
ω	o (offen!)	ϱαδιοφωνία

1 Schreiben Sie die in A mit fetten Buchstaben geschriebenen Wörter ab.

2 Sammeln Sie schriftlich die Wörter mit einem a-Laut. Lesen Sie sie laut!

3 Sammeln Sie schriftlich die Wörter mit einem e (ä)-Laut. Lesen Sie sie laut!

4 Sammeln Sie schriftlich die Wörter mit einem o-Laut. Lesen Sie sie laut!

5 Sammeln Sie schriftlich die Wörter mit einem u-Laut. Lesen Sie sie laut!

6 Sammeln Sie schriftlich die Wörter mit einem i-Laut, der mit einem einfachen Buchstaben (ι, η, υ) geschrieben wird. Lesen Sie sie laut!

7 Sammeln Sie schriftlich die Wörter mit einem i-Laut, der mit zwei Buchstaben (ει, οι) geschrieben wird. Lesen Sie sie laut!

8 Sammeln Sie schriftlich die Wörter mit αυ-, ευ-Laut und bestimmen Sie die jeweilige Aussprache des -υ- als »f« oder »v«, indem Sie sie laut vorlesen.

9 Sammeln Sie schriftlich die Wörter, die keinen Akzent tragen. Was bemerken Sie dabei?

10 Sammeln Sie schriftlich die Wörter, die mehr als drei Silben haben. Was bemerken Sie bei der Betonung?

Übungen

11 Sammeln Sie schriftlich die Wörter, die mit einem Schluß-s (-ς) enden.

12 Sammeln Sie schriftlich die Wörter mit einem b-, d- und / oder g-Laut und lesen Sie sie laut!

13 Sammeln Sie schriftlich die Wörter mit einem γ-, γγ-, und γκ-Laut. Lesen Sie sie laut!

14 Sammeln Sie schriftlich die Wörter mit einem ξ-, τζ-, τσ-, ψ-Laut. Lesen Sie sie laut!

15 Sammeln Sie schriftlich die Wörter mit einem s- (-ς) und einem ζ-Laut. Lesen Sie sie laut!

16 Ergänzen Sie beim Abschreiben.

ελλην . κή ραδι . φ . νία – τ . λε . ραση / πρ . τ . πρ . γραμμα / π .. δικό μ . σημ . ρι / γ .. α σας π . διά / ειδ . σ .. ς / αθλ . τ . κό παν . ραμα / κ . ντά σας και πάλ . / ελλ . νικ . μουσ . κή και τραγούδ . α.

17 Ergänzen Sie beim Abschreiben.

ο Μ . γαλ . ξαντρος και το καταραμ . νο φ . δι / μαζ . στ . ς οχτ . / τα ν . α τ . ς εβδ . μάδας / ξ . νοι χορ .. / ο κ . σμος τ . ν σπορ / π .. ζουν για το Ε . ρ . παϊκό κ . πελλ . / συγχαρ . τήρ . α.

18 Ergänzen Sie beim Abschreiben.

έτσι χ . ρε . ει η Ε .. άδα / το συ .. ρότημα της .. όρας Σ .. άτου με χορ .. ς από την Κρ . τ ., Πελοπό .. ησο, Μακ . δονία.

19 Ergänzen Sie beim Abschreiben.

ε .. ην . κή κωμ . δία / όχ . π . α δά . ρυα / ειδ . σ .. ς, ρ . π . ρτα ., σ . όλια / κλα . ικό .. αλ . το / ν . χτερ . νή σ . να . λία . λασι . ή . μ .. σικής / ε .. νικός . μν . ς.

20 Setzen Sie den richtigen Akzent. Übersetzen Sie:

Το προγραμμα: Ελληνικη μουσικη και τραγουδια. Αθλητικο πανοραμα. Συγχαρητηρια ! Κερδισατε. Παιδικο μεσημερι. Κοντα σας και παλι. Ετσι χορευει η Ελλαδα. Οχι πια δακρυα. Νυχτερινη συναυλια κλασικης μουσικης.

Καινούριες λέξεις

ελληνική ραδιοφωνία-τηλεόραση	griechische Rundfunk- und Fernseh-anstalt
πρώτο πρόγραμμα	erstes Programm
παιδικό μεσημέρι	Kinder(nach)mittag
γεια σας	»seid gegrüßt«
παιδιά	Kinder
ειδήσεις	Nachrichten
αθλητικό πανόραμα	Sportschau
κοντά σας	bei Ihnen (euch)
πάλι	wieder
μουσική	Musik
τραγούδια	Lieder
σε έργα Μ. Θ.	in »Werken« von M. Th.
παλιά ρεμπέτικα	alte Rembetiko(lieder)
μπουζούκι	Busuki
θέατρο σκιών	Schatten(spiel)theater
ο Καραγκιόζης	Karagöz-Schattenspiel
Μεγαλέξαντρος	Alexander der Große
το καταραμένο φίδι	die verfluchte Schlange
τηλεπαιχνίδια	Telespiele
μαζί	zusammen
στις οχτώ	um acht
με τυ Λ. Λ.	mit L. L.
τα νέα	Neuigkeiten, Nachrichten
τα νέα της εβδομάδας	Neuigkeiten der Woche
ξένοι χοροί	ausländische Tänze
αργεντινά ταγκό	argentinische Tango(tänze)
ο κόσμος των σπορ	die Welt des Sports
μπάσκετ	Basket(ballspiel)
παίζουν	sie spielen = es spielen
εναντίον	gegen
για το ευρωπαϊκό κύπελλο	um (für) den Europapokal
ξένη ταινία	ausländischer Film
με τους Ι. Μπ. ...	mit den I. B. ...

κλήρωση	Ziehung
συγχαρητήρια!	(herzlichen) Glückwunsch!
κερδίσατε!	Sie haben gewonnen!
έτσι	so
χορεύει η Ελλάδα	tanzt Griechenland
το συγκρότημα	die Gruppe
το συγκρότημα της Ντόρας Στράτου	die Gruppe von D. S.
με χορούς	mit Tänzen
από την Κρήτη...	von Kreta ...
ελληνική κωμωδία	griechische Komödie
όχι	nein
όχι πια	nicht mehr
όχι πια δάκρυα	keine Tränen mehr
ξένο τραγούδι	ausländisches Lied
ρεπορτάζ	Reportage
σχόλια	Kommentare
κλασικό μπαλέτο	klassisches Ballett
απόψε	heute abend
η λίμνη των κύκνων	Schwanensee
νυχτερινή συναυλία	Nacht (nächtliches) Konzert
νυχτερινή συναυλία κλασικής μουσικής	Nachtkonzert (mit) klassischer Musik
έργα	»Werke« = Kompositionen
παίζει	es spielt
η συμφωνική ορχήστρα	das Sinfonieorchester
Βερολίνου	von (des) Berlin
διευθύνει	(es) dirigiert
εθνικός ύμνος	Nationalhymne

zu 2B

αύριο	morgen
κομπολόι	Spielkette
καΐκι	Kaiki (Dieselmotorboot)

Στην κουζίνα ή στην εκκλησία;

Βαγγέλης: Πού είσαι, Ευαγγελία;
Ευαγγελία: Εδώ!
Βαγγέλης: Πού είναι τα τσιγάρα;
Ευαγγελία: Και τα τσιγάρα είναι εδώ.
Βαγγέλης: Πού είναι τα σπίρτα;
Ευαγγελία: Τα σπίρτα είναι εκεί.
Βαγγέλης: Όχι, δεν είναι.
Ευαγγελία: Και όμως, τα σπίρτα είναι εκεί, όχι εδώ.
Βαγγέλης: Και πού είναι ο μπαμπάς;

Ευαγγελία: Δεν ξέρω, μάλλον στην εκκλησία.
Βαγγέλης: Πού είναι ο μπαμπάς, όχι ο παπάς!
Ευαγγελία: Α ο μπαμπάς· ξέρω.
Βαγγέλης: Πού είναι; Είναι εκεί;
Ευαγγελία: Όχι, δεν είναι εδώ.
Βαγγέλης: Και πού είναι;
Ευαγγελία: Ο μπαμπάς είναι στην κουζίνα και πλένει τα πιάτα.
Βαγγέλης: Πού είναι ο μπαμπάς, όχι η μαμά.
Ευαγγελία: Ναι, ο μπαμπάς!
Βαγγέλης: Μπαμπά, πού είσαι;
Μπαμπάς: Εδώ είμαι. Τι φωνάζεις; Τι θέλεις;
Βαγγέλης: Τα σπίρτα και έναν καφέ, παρακαλώ!

Ο μπαμπάς **είναι** στην κουζίνα.
Τα τσιγάρα **είναι** εδώ.

Πού **είσαι**, μπαμπά; Εδώ **είμαι**!

Τα τσιγάρα είναι **εδώ**, τα σπίρτα είναι **εκεί**.

Τα τσιγάρα **δεν είναι** εδώ, τα σπίρτα **δεν είναι** εκεί.
Ξέρω — **δεν ξέρω**.

Ο παπάς είναι στην εκκλησία; **Ναι, είναι.**
Ο μπαμπάς είναι στην εκκλησία; **Όχι, δεν είναι.**

Τα σπίρτα είναι εκεί, **όχι εδώ.**
Πού είναι ο μπαμπάς, **όχι ο παπάς.**

τι **ξέρω**
τι **θέλεις;**
τι **πλένει** τα πιάτα

ο	μπαμπάς	η	μαμά	τα	τσιγάρα
ο	παπάς	η	Ευαγγελία	τα	σπίρτα
ο	Βαγγέλης			τα	πιάτα

πού είσαι, **Βαγγέλη;**
πού είναι **ο Βαγγέλης;**

1 Που εισαι;

Πού είσαι;

Που εισαι, Ευαγγελια; — Εδω! — Που ειναι τα τσιγαρα; — Και τα τσιγαρα ειναι εδω. — Που ειναι τα σπιρτα; — Τα σπιρτα ειναι εκει. — Οχι, δεν ειναι. — Και ομως, τα σπιρτα ειναι εκει, οχι εδω. — Και που ειναι ο μπαμπας; — Δεν ξερω, μαλλον στην εκκλησια. — Που ειναι ο μπαμπας, οχι ο παπας; — Α ο μπαμπας· ξέρω. — Που ειναι; Ειναι εκει; — Οχι, δεν ειναι εδω. — Και που ειναι; — Ο μπαμπας ειναι στην κουζινα και πλενει τα πιατα. — Που ειναι ο μπαμπας, οχι η μαμα! — Ναι, ο μπαμπας. — Μπαμπα, που εισαι; — Εδω ειμαι, τι θελεις; — Τα σπιρτα και εναν καφε, παρακαλω.

2 Πού είναι τα τσιγάρα;

Τα τσιγάρα είναι **εδώ**.

Πού είναι τα σπίρτα; ...

Πού είναι τα πιάτα; ...

3 Πού είναι ο μπαμπάς;

Ο μπαμπάς είναι **εδώ**.

Πού είναι ο παπάς;

Πού είναι ο Βαγγέλης;

4 Πού είναι η μαμά;

Η μαμά είναι **εδώ**.

Πού είναι η Ευαγγελία;

εδώ παπάς

5

> Τα τσιγάρα.
>
> Τα τσιγάρα **είναι εδώ, δεν είναι εκεί**.

Τα πιάτα, η μαμά, ο παπάς, η Ευαγγελία, ο μπαμπάς, τα σπίρτα, ο Βαγγέλης.

6

> Πού είναι ... τσιγάρα;
>
> Πού είναι **τα** τσιγάρα;

Πού είναι ... σπίρτα; Πού είναι ... παπάς; Πού είναι ... μαμά; Πού είναι ... μπαμπάς; Πού είναι ... Βαγγέλης; Πού είναι ... Αθήνα; Πού είναι ... Ελλάδα; Πού είναι ... Θεσσαλονίκη; Πού είναι ... Βόλος;

7

> είναι εδώ ...
>
> είναι εδώ **δεν είναι εδώ**.

είμαι εδώ ..., είναι εκεί ..., είσαι εκεί ..., πλένει τα πιάτα ..., ξέρω ...

8

> Τα σπίρτα είναι εκεί; ... .
>
> Τα σπίρτα είναι εκεί; **Όχι, δεν είναι εκεί**.

Η μαμά είναι στην κουζίνα; ... . Ο μπαμπάς είναι στην εκκλησία; ... . Ο παπάς πλένει τα πιάτα; ... . Ο Βαγγέλης και η Ευαγγελία είναι στην κουζίνα; ... .

9

> Πού είναι η μαμά; (κουζίνα)
>
> Δεν ξέρω, **μάλλον στην** κουζίνα.

Πού είναι ο παπάς; (εκκλησία). Πού είναι ο μπαμπάς; (εδώ). Πού είναι τα σπίρτα; (εκεί). Πού είναι τα πιάτα; (κουζίνα).

10 Ο μπαμπάς είναι στην εκκλησία;

Ναι, είναι στην εκκλησία oder **Όχι, δεν** είναι στην εκκλησία.

Ο παπάς είναι στην εκκλησία; Η μαμά είναι στην κουζίνα; Ο μπαμπάς είναι στην κουζίνα; Τα τσιγάρα είναι εδώ;

εκεί παπάς

11 δεν / όχι?

Πού είναι τα σπίρτα; ... εδώ. Ο παπάς είναι στην κουζίνα; ... στην κουζίνα, στην εκκλησία. Είναι εκεί ο μπαμπάς; ... είναι, ... ξέρω. Η μαμά πλένει τα πιάτα; ..., ... πλένει τα πιάτα. Είναι εκεί τα τσιγάρα; ... τα τσιγάρα, τα σπίρτα. ... είσαι εκεί; Είσαι στην κουζίνα; ... . Είμαι εδώ. Η μαμά είναι στην εκκλησία; ... στην εκκλησία, η μαμά είναι εδώ. Τι θέλεις, τα τσιγάρα; ... τα τσιγάρα, έναν καφέ. Πού είσαι; ... είμαι στην κουζίνα.

12 Ergänzen Sie:

Πού ... τα σπίρτα; ... είναι εδώ, είναι εκεί. Και πού είναι ... τσιγάρα; Πού είναι ... μπαμπάς; Μάλλον ... κουζίνα και ... τα πιάτα. ... . Πού είναι ... μαμά; ... ξέρω. Μάλλον ... εκκλησία και όχι στην ... . Δεν πλένει ... πιάτα. Και όμως ... εκεί και πλένει. Πού ..., Βαγγέλη; Τι ...; ... σπίρτα και έναν καφέ, παρακαλώ!

13 Übersetzen Sie:

Wo ist Vangelis? Wahrscheinlich in der Küche. Und der Pfarrer? Wahrscheinlich in der Kirche. Evangelia wäscht die Teller ab. Wo? Nicht hier, in der Küche. Was ruft sie? Ich weiß nicht. Wahrscheinlich will sie einen Kaffee.

14 Spielanleitung

Spielen Sie folgende Szene auf Griechisch mit verteilten Rollen. Angegeben sind nur die Stichworte.

Personen: Mutter, Vater, Tochter, Sohn.

Mutter: Wunsch nach einem Kaffee.

Vater: hat den gleichen Wunsch.

Sohn (beim Abwasch in der Küche): will nicht, schiebt den Abwasch vor.

Mutter, Vater: bestehen auf ihrem Anliegen.

Sohn: kann den Kaffee nicht finden. Ruft nach der Schwester.

Tochter: findet den Kaffee auch nicht.

Mutter, Vater: bestehen immer noch, aber immer weniger auf ihrem Anliegen.

Sohn, Tochter: schaffen es nicht.

Mutter: übernimmt selbst und unter Protest die Kaffeekochaktion.

Vater (im Hintergrund) mißbilligt den Ablauf des Geschehens durch όχι, όχι und dergleichen.

Πού είναι ο παπάς;

Κυρά Βαγγελιώ	Frau Vangelió
Ένα νερό, κυρά Βαγγελιώ, ένα νερό, κρύο νερό. Αχ, και πούθε κατεβαίνει, Βαγγελιώ μου παινεμένη.	Ein Wasser, Frau Vangelió, ein kaltes Wasser! Wo kommt es denn her, gelobte Vangelió?
Από ψηλά, κυρά Βαγγελιώ, από ψηλά γκρεμίζεται. Σε περιβολάκι μπαίνει, Βαγγελιώ μου παινεμένη.	Von der Höhe, Frau Vangelió, von hoch oben fällt es herab. Es fließt in ein Gärtchen, gelobte Vangelió
Ποτίζει και, κυρά Βαγγελιώ, ποτίζει κι έν' αγιόκλημα. Αχ, που κάνει το σταφύλι σαν της Βαγγελιώς τα χείλη.	Es bewässert, Frau Vangelió, auch das Geißblatt. Und es macht die Trauben wie Vangeliós Lippen süß.

Volkslied

Καινούριες λέξεις

στην κουζίνα	in der Küche
η κουζίνα	Küche
στην εκκλησία	in der Kirche
η εκκλησία	Kirche
ο Βαγγέλης	Vangelis
πού είσαι;	wo bist du?
πού;	wo?
η Ευαγγελία	Evangelia
εδώ	hier, hierher
τα τσιγάρα	Zigaretten
και	und, auch
τα σπίρτα	Streichhölzer
εκεί	dort, dorthin
δεν είναι	(er, sie, es) ist nicht, (sie) sind nicht
όμως	doch, aber
όχι	nein, nicht
ο μπαμπάς	Papa
ξέρω	ich weiß
δεν ξέρω	ich weiß nicht
μάλλον	wohl, wahrscheinlich, sehr wahrscheinlich
ο παπάς	Pfarrer, Priester, Bube beim Kartenspiel
πλένει τα πιάτα	(er, sie, es) wäscht ab, spült
πλένω	ich wasche (ab), spüle
τα πιάτα	Teller
η μαμά	Mama
ναι	ja
εδώ είμαι	ich bin hier
τι θέλεις;	was willst du?
θέλω	ich will
τι;	was?
τι φωνάζεις;	was rufst du (so)?
έναν καφέ	einen Kaffee
παρακαλώ	bitte

Εγώ είμ' εγώ!

Πού είναι ο Μάρλον Μπράντο;

Η Χρυσούλα πηγαίνει στο φωτογραφείο και βλέπει τον Κώστα, το φωτογράφο.

Χρυσούλα: Είστε φωτογράφος;

Κώστας – φωτογράφος: Μάλιστα. Τι θέλετε;

Χρ.: Θέλω μια φωτογραφία...

Κ.: Αμέσως. Εκεί είναι ο καθρέφτης.

Χρ.: Δε θέλω τον καθρέφτη, θέλω μια φωτογραφία...

Κ.: Ο καθρέφτης είναι για την ομορφιά. Χτένα έχετε;

Χρ.: Όχι, δεν έχω.

Κ.: Θέλετε μια χτένα;

Χρ.: Όχι, θέλω μια φωτογραφία...

Κ.: Μια στιγμή! Όλοι θέλουν μια φωτογραφία.

Χρ.: Ναι, μα εγώ θέλω μια φωτογραφία...

Κ.: Μάλιστα. Εδώ έχουμε τη λάμπα, ένα σκαμνί και τη μηχανή.

Χρ.: Ναι, βλέπω. Και τι κάνετε με τη μηχανή, το σκαμνί και τη λάμπα;

Κ.: Βγάζω φωτογραφία.

Χρ.: Καλά, και εγώ βγάζω το καπέλο και τη ζακέτα και περιμένω.

Κ.: Εντάξει;

Χρ.: Τι εντάξει; Πού είναι η φωτογραφία...;

Κ.: Αμέσως· ένα χαμόγελο παρακαλώ... Ορίστε η φωτογραφία!

Χρ.: Η φωτογραφία; Μα εδώ είμαι εγώ! Και εγώ θέλω το Μάρλον Μπράντο!

Η Χρυσούλα βλέπει **τον** Κώστα, **το** φωτογράφ**ο**. Θέλω **μια** φωτογραφί**α**. Δε θέλω **τον** καθρέφτ**η**. Έχουμε **τη** λάμπα, **ένα** σκαμνί και **τη** μηχαν**ή**. Ο καθρέφτης είναι για **την** ομορφι**ά**. Βγάζω **το** καπέλ**ο**.

			Nom. Sing.		Akk. Sing.
Maskulina	-ος:	ο	φωτογράφος	το	φωτογράφο
auf:	-ας:	ο	μπαμπάς	το	μπαμπά
	-ης:	ο	καθρέφτης	τον	καθρέφτη
	-ες:	ο	καφές	τον	καφέ
Feminina	-η:	η	μηχανή	τη	μηχανή
auf:	-α:	η	κουζίνα	την	κουζίνα
Neutra	-ι:	το	σκαμνί	το	σκαμνί
auf:	-ο:	το	καπέλο	το	καπέλο

ένας	καθρέφτης	έναν	καθρέφτη
μια	μηχανή	μια	μηχανή
ένα	καπέλο	ένα	καπέλο

Der unbestimmte Artikel kann auch gänzlich fehlen: χτένα έχετε; – haben Sie einen Kamm?

Anm.: Das Schluß -ν im Akk. Mask. τον, έναν und Akk. Fem. την wird gesprochen und geschrieben, wenn das folgende Wort mit einem p-, t- oder k-Laut (π, ψ, τ, κ, ξ) oder mit einem Vokal beginnt. Dabei wird -ν + p-Laut »mb«, -ν + t-Laut »nd«, -ν + k-Laut »ngg« gesprochen:

τον	πατέρα	[tombatära]
τον	ψεύτη	
έναν	ταχυδρόμο	
την	κυρία	[tinggiria]
τον	ξένο	

Diese Regel gilt auch für δεν u.a.

Indikativ Präsens

ξέρ	-ω		εδώ έχ	-ουμε	τη λάμπα
τι θέλ	-εις	;	τι θέλ	-ετε	;
πλέν	-ει	τα πιάτα	όλοι θέλ	-ουν	μια φωτογραφία

εδώ	είμαι	εγώ	είμαστε	εδώ
πού	είσαι	, Βαγγέλη;	είστε	εκεί;
εκεί	είναι	ο καθρέφτης	είναι	στο φωτογραφείο

Präpositionen

ο καθρέφτης είναι	για	**την** ομορφιά
τι κάνετε	με	**το** σκαμνί;

Fragewörter

τι θέλεις;

πού είναι ο μπαμπάς;

ποιος βγάζει μια φωτογραφία;

— Έχασα τη χτένα!...

1 Η Χρυσούλα πηγαίν ... στην εκκλησί ... .
Η Χρυσούλα πηγαίν**ει** στην εκκλησ**ία**.

Ο Κώστας βλέπ ... το φωτογράφ ... . Είμ ... στο φωτογραφεί ... . Εκεί είν ... ο καθρέφτ ... . Η χτέν ... είν ... για την ομορφι ... . Βγάζ ... το καπέλ ..., τη ζακέτ ..., τη φωτογραφί ... . Τι κάν ... ο μπαμπ ... ; Πού είν ... η λάμπ ... ; Ένα χαμόγελ ... , παρακαλώ! Ο φωτογράφ ... περιμέν ... τη Χρυσούλ ... . Τι κάν ... , μπαμπ ... ; Τι θέλ ... ; Ο Βαγγέλ ... και η Ευαγγελί ... θέλ ... έναν καφ ... . Ορίστε η φωτογραφί ... , είν ... για τη Χρυσούλ ... . Τι θέλ ... , Χρυσούλ ... ; Πού είσ... , μπαμπ ... ; Τα σπίρτα δεν είν ... εδώ.

2 Βλέπω ... φωτογραφία.
Βλέπω **τη** φωτογραφία.

Βλέπει ... λάμπα. Εκεί είναι ... καθρέφτης. Τι κάνετε με ... μηχανή; Βγάζω ... καπέλο και ... ζακέτα. Περιμένω ... φωτογράφο. Πού είναι ... σκαμνί; Θέλει ... χτένα και ... καθρέφτη. Εδώ έχουμε ... λάμπα, ... μηχανή και ... καπέλο. Πού είναι ... καφές; Βλέπεις ... καφέ;

3 Βλέπω ... φωτογραφία.
Βλέπω **μια** φωτογραφία.

Βλέπει ... λάμπα. Εκεί είναι ... καθρέφτης. Τι κάνετε με ... μηχανή; Περιμένω ... φωτογράφο. Πού είναι ... σκαμνί; Θέλει ... χτένα και ... καθρέφτη. Εδώ έχουμε ... λάμπα, ... μηχανή και ... καπέλο. Πού είναι ... καφές; Βλέπεις ... καφέ;

4

Η Χρυσούλα θέλει μια φωτογραφία.
Ποιος θέλει μια φωτογραφία;

Ο Κώστας είναι φωτογράφος. Η Χρυσούλα δεν έχει χτένα. Ο φωτογράφος βγάζει με τη μηχανή μια φωτογραφία. Η Χρυσούλα δε θέλει τη φωτογραφία. Ο Κώστας έχει ένα σκαμνί, μια λάμπα και μια μηχανή. Η Χρυσούλα βγάζει το καπέλο και τη ζακέτα. Η Χρυσούλα και ο Κώστας βλέπουν τη φωτογραφία.

5

Η Χρυσούλα θέλει μια φωτογραφία.
Τι θέλει η Χρυσούλα;

Ο Κώστας είναι φωτογράφος. Η Χρυσούλα δεν έχει χτένα. Ο φωτογράφος βγάζει με τη μηχανή μια φωτογραφία. Η Χρυσούλα δε θέλει τη φωτογραφία. Ο Κώστας έχει ένα σκαμνί, μια λάμπα και μια μηχανή. Η Χρυσούλα βγάζει το καπέλο και τη ζακέτα. Η Χρυσούλα και ο Κώστας βλέπουν τη φωτογραφία.

6

Βαγγέλης, Χρυσούλα, θέλω, καφές

	έναν καφέ
Ο Βαγγέλης **και η** Χρυσούλα **θέλουν**	τον καφέ
	— καφέ
Βαγγέλη, Χρυσούλα, **θέλετε**	έναν καφέ;
	καφέ;

Κώστας, Ευαγγελία, έχω, χτένα

μπαμπάς, μαμά, έχω, καθρέφτης

Βαγγέλης, Ευαγγελία, βγάζω, φωτογραφία.

7 Ο φωτογράφος βγάζει το καπέλο. (φωτογραφία)

Ο φωτογράφος **δε** βγάζει το καπέλο, **αλλά** βγάζει **τη φωτογραφία**.

Ο καθρέφτης είναι για την κουζίνα (ομορφιά). Η Χρυσούλα θέλει μια χτένα (φωτογραφία). Ο Βαγγέλης και η Ευαγγελία θέλουν μια φωτογραφία (καφές). Ο μπαμπάς είναι εδώ (εκκλησία). Η Χρυσούλα βγάζει τη ζακέτα (καπέλο). Μα εδώ είναι ο Μάρλον Μπράντο (Χρυσούλα)! Η μαμά σκουπίζει την εκκλησία (κουζίνα). Η Χρυσούλα πηγαίνει στην εκκλησία (φωτογραφείο).

8 Ersetzen Sie im Textstück:

το φωτογραφείο	durch	το ατελιέ	(Atelier)
ο φωτογράφος	➔	ο ζωγράφος	(Maler)
η φωτογραφία	➔	ο πίνακας	(Gemälde)
η χτένα	➔	το κραγιόν	(Lippenstift)
η μηχανή	➔	τα χρώματα	(die Farben)
βγάζω φωτογραφία	➔	ζωγραφίζω	(malen)
Μάρλον Μπράντο	➔	Χάμφρεϋ Μπόγκαρτ	(Humphrey Bogart)

9 Finden Sie einen Satz mit folgenden 4 Wörtern:

- ❒ Das erste Wort ergibt sich aus den dritten Buchstaben der griechischen Entsprechung der Wörter: Spiegel, Kamm, ich will, hier.
- ❒ Das zweite Wort ergibt sich aus den zweiten Buchstaben der griechischen Entsprechung der Wörter: ich weiß, in Ordnung, Jacke, einer.
- ❒ Das dritte Wort ergibt sich aus den ersten Buchstaben der griechischen Entsprechung der Wörter: Hut, sofort, Fotograf, ich.

❒ Für das vierte Wort nehmen Sie aus der griechischen Entsprechung der Wörter:

ich sehe	den **ersten** Buchstaben
ich bitte	den **zweiten** Buchstaben
jetzt	den **dritten** Buchstaben
wir haben	den **vierten** Buchstaben
Fotografie	den **fünften** Buchstaben
Vangelis	den **sechsten** Buchstaben
Esel	den **sechsten** Buchstaben
Gemälde, Bild	den **fünften** Buchstaben
Lächeln	den **vierten** Buchstaben

10 Übersetzung:

A) Was machen Sie mit dem Apparat?

Ich fotografiere. Wollen Sie ein Foto?

Ja.

Sofort. Hier haben wir die Lampe, den Hocker und den Apparat.

In Ordnung. Einen Augenblick! Haben Sie einen Kamm?

Nein.

Dann (τότε) nehme ich den Hut nicht ab.

Ein Lächeln bitte! Hier ist das Foto.

Ich sehe nur (μόνο) den Hut! Schade!

B) Im Atelier malt der Maler ein Bild. Chrysula will das Bild nicht. Die Farben sind nicht in Ordnung. Sie wartet und wartet. Sie nimmt den Hut ab und zieht die Jacke aus. Jetzt (τώρα) ist das Bild in Ordnung.

11 Spielanleitung

Spielen Sie die folgende Szene auf griechisch mit verteilten Rollen.

Angegeben sind nur die Stichworte.

Personen: Sie selbst, eine Angestellte im Fotoladen, der Chef desselben.

Sie:	betreten einen Fotoladen, Sie brauchen ein Paßfoto. Sie äußern diesen Wunsch einer Angestellten gegenüber.
Angestellte:	legt Ihnen Fotos von Filmhelden vor. Viele Namen.
Sie:	lehnen ab, beharren auf Ihrem Foto.
Angestellte:	kommt nicht weiter.
Sie:	lassen den Chef rufen und äußern erneut Ihr Anliegen.
Chef:	auch er schleppt Fotos von Romy Schneider bis Manfred Krug herbei.
Sie:	lehnen ab und schaffen es endlich, die beiden von Ihrem Wunsch zu überzeugen.
Chef:	gibt der Angestellten Anweisungen zur Aufnahme.
Angestellte:	folgt nur ungern.
Sie:	richten sich ausführlich her, wobei Sie angeblich mit der Angestellten sprechen, diese sich aber überhaupt nicht für Sie interessiert.
Chef:	macht selbst das Foto.
Sie:	sehen aus wie Dracula (μα εδώ είναι ο Δράκουλας) und sagen das auch.
Chef:	vergleicht sie mit Jane Fonda bzw. Robert Redford.
Sie:	lehnen das Bild mit reichem Wortschwall ab.
Chef:	gibt auf und zieht sich schmollend zurück (δεν ξέρω τι θέλετε).

Angestellte:	Kaum ist der Chef weg, zieht sie eine Sofortkamera aus der Ecke, drückt, kassiert auf eigene Rechnung versteht sich.
Sie:	verlassen hochzufrieden und mit überschwenglichem Ausdruck des Dankes das Geschäft.

Η Γοργόνα

|: Στην απάνω γειτονίτσα :|
μ' αγαπάνε δυο κορίτσια
στην απάνω γειτονίτσα.
Μα εγώ πονάω γι' άλλη
μια γοργόνα στ' ακρογιάλι.

|: Φυλαχτό με τ' άγιο ξύλο :|
πού να βρω για να της στείλω,
φυλαχτό με τ' άγιο ξύλο.
Φυλαχτό να την φυλάει,
και ας μη με αγαπάει.

Die Meerjungfrau

In der Oberstadt im Viertel
lieben mich zwei Mädchen
in der Oberstadt im Viertel.
Aber ich leide wegen einer
anderen, einer Nixe am Strand.

Amulett vom heiligen Kreuz
wo soll ichs finden und ihr schicken,
Amulett vom heiligen Kreuz.
Ein Amulett, damit es sie beschützt,
auch wenn sie mich nicht liebt.

Μουσική: Μ. Λοΐζος
Στίχοι: Λ. Παπαδόπουλος

πηγαίνει	(er, sie, es) geht
πηγαίνω	ich gehe
το φωτογραφείο	Fotogeschäft
ο φωτογράφος	Fotograf
είστε φωτογράφος;	sind Sie Fotograf?
μάλιστα	ja, sehr wohl, jawohl, »ganz recht«
τι θέλετε;	was wollen (wünschen) Sie?
η φωτογραφία	Foto, Fotografie
αμέσως	sofort
ο καθρέφτης	Spiegel
για την ομορφιά	für die Schönheit
η χτένα	Kamm
έχω	ich habe
μια στιγμή!	Augenblick, Moment
όλοι	alle
η λάμπα	Lampe
το σκαμνί	Hocker
η μηχανή	Apparat
βλέπω	ich sehe
με	mit
βγάζω	ich ziehe heraus, aus
βγάζω φωτογραφία	ich fotografiere
εγώ	ich
το καπέλο	Hut
βγάζω το καπέλο	ich nehme den Hut ab
η ζακέτα	Jacke
περιμένω	ich warte
εντάξει	in Ordnung
το χαμόγελο	Lächeln
ορίστε	bitte sehr

zu 4B

ο πατέρας	Vater
ο ψεύτης	Lügner
ο ταχυδρόμος	Briefträger
η κυρία	Frau, Dame
ο ξένος	Ausländer, Fremder, Gast
ποιος;	wer?

zu 4C

σκουπίζω	ich fege, putze ab
το ατελιέ	Atelier
ο ζωγράφος	Maler
ο πίνακας	Gemälde
το κραγιόν	Lippenstift
τα χρώματα	Farben
ζωγραφίζω	ich male
βαρύγλυκος	schwer und süß
τότε	dann
μόνο	nur
τώρα	jetzt
άλλη φωτογραφία	noch ein Foto
καλά	gut
πολύ καλή φωτογραφία	sehr gutes Foto
χαίρετε	(höflicher offizieller Gruß)

ΑΝΔΡΑ ΜΟΙ ΕΝΝΕΠΕ ΜΟΥΣΑ ΠΟΛΥΤΡΟΠΟΝ
Α, ΝΤΟΪΤΣ

Δεν ακούει και δεν καταλαβαίνει

Ο Ούβε είναι στο σταθμό και περιμένει το τρένο. Και ο Δημήτρης είναι στο σταθμό και περιμένει το τρένο. Ο Ούβε και ο Δημήτρης πάνε στη Γερμανία. Οι δυο κύριοι είναι στο καφενείο του σταθμού.

Δημήτρης: Τι ώρα είναι, παρακαλώ;

Ούβε: Ich kann nichts verstehen!

Δημήτρης: Τι λες; Νιξ φαστέν; Α ντόιτς! Μια στιγμή. Το μάθημα αρχίζει. Εδώ τι βλέπεις;

Ούβε: Βλέπω λάμπες, τραπέζια, φωτογραφίες, ανθρώπους, φαγητά και ποτήρια του νερού.

Δημήτρης: Α ξέρεις ελληνικά, μπράβο!

Ούβε: Άνδρα μοι έννεπε, μούσα, πολύτροπον ...

Δημήτρης: Τι είναι αυτά; Δεν καταλαβαίνω τίποτα. Τώρα έχουμε μάθημα.

Ούβε: ...Όμηρος! Η σοφία και η τέχνη των Αρχαίων ...

Δημήτρης: Ας τον Όμηρο τώρα. Λοιπόν, παρακάτω: Εκεί τι βλέπεις;

Ούβε: Βλέπω δυο φίλες, πέντε άντρες, τρία παιδιά, μαθητές, βουνά, σπίτια και τον ουρανό, μόνο τρένο δε βλέπω.

Δημήτρης: Μα εσύ ξέρεις καλά ελληνικά. Πας στο πανεπιστήμιο; Λοιπόν και τι ακούς;

Ούβε: Ακούω το μεγάφωνο, μουσική, φωνές, τραγούδια και γάτες.

Δημήτρης: Και τι διαβάζεις;

Ούβε: Διαβάζω ένα γράμμα, ένα βιβλίο και εφημερίδες ...

Δημήτρης: Τι τρως; Ούβε: Τρώω ψωμί, τυρί και ελιές!

Δημήτρης: Και τι πίνεις; Ούβε: Πίνω ούζο και ρετσίνα!

Δημήτρης: Μήπως είσαι Ρωμιός; Εσύ ξέρεις τόσο καλά ελληνικά!

Ούβε: Όχι, δεν είμαι Ρωμιός, αλλά ξέρω αρχαία και τώρα μαθαίνω και τα νέα ελληνικά.

Δημήτρης: Αλλά γιατί στην αρχή »νιξ φαστέν«;

Ούβε: Ιχ φεργκάς ντεν κνοπφ τσου ντρίκεν, και χωρίς ακουστικό δεν ακούω!

Παροιμίες Sprichwörter

Όσοι έχουν μαχαίρι δεν είναι όλοι μάγειρες.

Όταν λείπει ο γάτος χορεύουν τα ποντίκια.

Από το ένα αφτί μπαίνει και από το άλλο βγαίνει.

Maskulina auf: -ος

στο καφενείο **του σταθμού**

βλέπω **ανθρώπους**

η σοφία **των Αρχαίων**

	Sing.	Plur.
N.	-ος	-οι
G.	-ου	-ων
A.	-ο	-ους
V.	-ε	-οι

N.	ο άνθρωπος	οι άνθρωποι
G.	του ανθρώπου	των ανθρώπων
A.	τον άνθρωπο	τους ανθρώπους
V.	άνθρωπε	άνθρωποι

Maskulina auf -ος, die im Nom. Sing. nicht auf der drittletzten Silbe betont sind, sondern auf der vorletzten (z. B. ο φωτογράφος) bzw. auf der letzten (z. B. ο ουρανός), behalten diese Betonung durch alle Kasus bei.

Anm.: Die Anredeform der im Nom. Sing. auf der vorletzten Silbe betonten zweisilbigen Substantive – meist Eigennamen – endet auf -ο, nicht auf -ε: Γιώργο, Παύλο, Πέτρο, Χρήστο usw.

Neutra auf: -ο

ποτήρια **του νερού**

βιβλίο

φαγητά

	Sing.	Plur.
N.	-ο	-α
G.	-ου	-ων
A.	-ο	-α

N.	το πανεπιστήμιο	τα πανεπιστήμια
G.	του πανεπιστημίου	των πανεπιστημίων
A.	το πανεπιστήμιο	τα πανεπιστήμια

Manche Neutra auf -ο, die im Nom. Sing. auf der drittletzten Silbe (z. B. το κοτόπουλο), sowie auch diejenigen, die auf der vorletzten (z. B. το τρένο) bzw. auf der letzten (z. B. το βουνό) betont sind, behalten diese Betonung durch alle Kasus bei.

Maskulina

auf: -ας | **auf: -ης (meist -τ-ης)**

βλέπω πέντε **άντρες**

δεν είναι όλοι **μάγειρες**

	Sing.	Plur.
N.	-ας	-ες
G.	-α	-ων
A.	-α	-ες
V.	-α	-ες

N.	ο μάγειρας	οι μάγειρες
G.	του μάγειρα	των μαγείρων
A.	τον μάγειρα	τους μάγειρες
V.	μάγειρα	μάγειρες

Maskulina auf -ας, die im Nom. Sing. nicht auf der drittletzten Silbe betont sind, sondern auf der vorletzten (z. B. ο πατέρας), behalten diese Betonung durch alle Kasus bei.

Anm.: ο άντρας, ο μήνας (der Monat) bilden den Gen. Sing. auch: του μηνός, του αντρός und sind im Gen. Plur. endbetont: των αντρών, των μηνών.

βλέπω **μαθητές**

	Sing.	Plur.
N.	-ης	-ες
G.	-η	-ων
A.	-η	-ες
V.	-η	-ες

N.	ο ναύτης	οι ναύτες
G.	του ναύτη	των ναυτών
A.	τον ναύτη	τους ναύτες
V.	ναύτη	ναύτες

Maskulina auf -ης, die im Nom. Sing. nicht auf der vorletzten Silbe betont sind, sondern auf der letzten (z. B. ο μαθητής - der Schüler), behalten diese Betonung durch alle Kasus bei.

Vok. Sing. dieser Maskulina vereinzelt auch auf - ά (z.B. κύριε καθηγητά - Herr Professor!)

Feminina

auf: -α

ακούω **γάτες**

διαβάζω **εφημερίδες**

πίνω **ρετσίνα**

	Sing.	Plur.
N.	-α	-ες
G.	-ας	-ων
A.	-α	-ες

N.	η ώρα	οι ώρες
G.	της ώρας	των ωρών
A.	την ώρα	τις ώρες

Feminina auf -α sind im Gen. Plur. immer endbetont.

Ausnahmen: Die Betonung wird auch im Gen. Plural auf der vorletzten Silbe beibehalten bei:

Feminina auf -ίδα (z. B. η ελπίδα die Hoffnung), auf -άδα (z. B. η λεμονάδα die Limonade).

auf: -η

ακούω **μουσική, φωνές**

στην **αρχή**

	Sing.	Plur.
N.	-η	-ες
G.	-ης	-ων
A.	-η	-ες

N.	η τέχνη	οι τέχνες
G.	της τέχνης	των τεχνών
A.	την τέχνη	τις τέχνες

Feminina auf -η sind im Gen. Plur. immer endbetont (siehe aber 6 B: Feminina auf - σ -η).

Neutra auf: -ι

βλέπω τρία **παιδιά**

τρώω **ψωμί**

ακούω **τραγούδια**

βλέπω **σπίτια**

έχουν **μαχαίρι**

χορεύουν τα **ποντίκια**

	Sing.	Plur.
N.	-ι	-ια
G.	-ιού	-ιών
A.	-ι	-ια

N.	το παιδί	τα παιδιά
G.	του παιδιού	των παιδιών
A.	το παιδί	τα παιδιά

N.	το τραγούδι	τα τραγούδια
G.	του τραγουδιού	των τραγουδιών
A.	το τραγούδι	τα τραγούδια

Ξέρει κανείς εγγλέζικα, παιδιά;

Grammatik

Εγώ λέω τι ώρα είναι, εσύ τι λες;
Εμείς λέμε μπράβο, εσείς τι λέτε;

Τι λέει αυτός; Τι λέει εκείνος;
Κάτι λένε και αυτοί.

Εγώ ακούω μουσική, εσύ τι ακούς;
Εμείς ακούμε μουσική, εσείς τι ακούτε;

Τι ακούει αυτός; Τι ακούει εκείνος;
Κάτι ακούνε και αυτοί.

Εγώ τρώω ψωμί, εσύ τι τρως;
Εμείς τρώμε ψωμί, εσείς τι τρώτε;

Τι τρώει αυτός, τι τρώει εκείνος;
Κάτι τρώνε και αυτοί.

Εγώ πάω σπίτι. Εσύ πού πας;
Εμείς πάμε σπίτι. Εσείς πού πάτε;
Πού πάει αυτός; Πού πάει εκείνος;
Κάπου πάνε και αυτοί.

δεν καταλαβαίνει τίποτα / τίποτε	er versteht nichts
δεν + **Verb** + τίποτα / τίποτε	(**Verb**) nichts

1 βλεπω λαμπες

βλέπω λάμπες

Βλεπω λαμπες, τραπεζια, φωτογραφιες, καθρεφτες, ανθρωπους, φαγητα και ποτηρια του νερου.

Βλεπω παιδια, δυο φιλες, πεντε αντρες, τρια γαϊδουρια, βουνα, σπιτια και τον ουρανο.

Ακουω το μεγαφωνο, μουσικη, φωνες, τραγουδια, γατους και γατες.

Διαβαζω ενα γραμμα, βιβλια και εφημεριδες.

Τρωω ψωμι, τυρι και ελιες και πινω ουζο και ρετσινα.

Η μαμ ... δεν πά ... στην εκκλησί ... . Ο μπαμπ ... είν ... Ρωμι ... . Εσύ τρ ... τις ελι ..., εγώ τρώ ... ψωμ ... . Τι ώρ ... είν ...; Το παιδ ... έχ ... δύο ραδιόφων ... . Τα σπίρτ ... δεν είν ... εδώ. Τα παιδ ... βλέπ ... τα βουν ... . Ξέρ ..., Γιάνν ..., αρχαία ελληνικ ...; Όχι, αλλά μαθαίν ... . Από το ένα αφτ ... μπαίν ... και από το άλλο βγαίν ... .

2 Τι περιμένει ο Δημήτρης; (τρένο)

Ο Δημήτρης περιμένει **το τρένο / ένα τρένο**.

Τι περιμένουν ο Ούβε και ο Δημήτρης; (τρένο). Τι βλέπει ο Ούβε; (μάγειρας, καθρέφτης, τραπέζι). Τι ακούνε στο σταθμό ο Δημήτρης και ο Ούβε; (φωνή, τραγούδι, μεγάφωνο). Τι διαβάζει ο Ούβε; (βιβλίο, εφημερίδα). Και τι τρώει; (ελιά, ψωμί, τυρί). Τι πίνει ο Ούβε; (ούζο, καφές). Τι πίνει ο Δημήτρης; (ρετσίνα, νερό). Τι μαθαίνει ο μάγειρας; (τέχνη).

3 Ο Δημήτρης έχει (φωτογραφία).

Ο Δημήτρης έχει **τη φωτογραφία** / **τις φωτογραφίες**.

Ακούς, Μαρία (φωνή); Έχουν τα παιδιά (βιβλίο); Οι φίλες δεν ξέρουν (τραγούδι). Διαβάζω (εφημερίδα). Ο Δημήτρης δεν τρώει (ελιά). Ο Ούβε μαθαίνει (τραγούδι) και δεν ακούει (φωνή). Η Μαρία βλέπει (γάτα και γάτος). Έχετε (μηχανή, σκαμνί, λάμπα); Η Μαρία και η Χρυσούλα βγάζουν (καπέλο, ζακέτα). Βλέπω (γαϊδούρι, παιδί, άντρας, λάμπα, τραπέζι, φίλη, καθρέφτης), αλλά δε βλέπω (τρένο). Όσοι έχουν (μαχαίρι), δεν είναι όλοι μάγειρες.

4 Τρώω ψωμί

Τρως ψωμί; **Τρώτε** ψωμί; Δεν **τρώω** ψωμί. Δεν **τρώμε** ψωμί.

Διαβάζω εφημερίδες. Ακούω ραδιόφωνο. Λέω τραγούδια. Πάω στη Γερμανία. Περίμενω το παιδί. Ακούω μουσική. Τρώω τυρί. Πίνω ούζο. Ξέρω ελληνικά.

5 Διαβάζω ένα βιβλίο.

Εγώ διαβάζω ένα βιβλίο, **εσύ τι διαβάζεις;**

Εμείς διαβάζουμε ένα βιβλίο, εσείς τι διαβάζετε;

Αυτός διαβάζει ένα βιβλίο, αυτοί τι διαβάζουν;

Ακούω μια φωνή. Βγάζω τη ζακέτα. Βλέπω ποντίκια. Λέω ένα τραγούδι. Περιμένω το τρένο. Τρώω ελιές. Μαθαίνω ελληνικά. Κερδίζω το παιχνίδι.

6 Ούβε, περιμένω, σταθμός.

Ο Ούβε **περιμένει στο σταθμό**.

Δημήτρης, είμαι, Ελλάδα. Ευαγγελία, πάω, φωτογραφείο. Παπάς, είμαι, εκκλησία. Σπίρτα, τσιγάρα, είμαι, κουζίνα. Βαγγέλης, λέω κάτι, αφτί της Ευαγγελίας. Μαρία, βλέπω ένα ποντίκι, λεμονάδα.

7 Bilden Sie je einen Satz mit folgenden Wörtern:

a) ο γάτος, τα ποντίκια, λείπει, χορεύουν, όταν.

b) ακουστικό, τραγούδια, μουσική, ακούει, δεν, ο Ούβε, χωρίς, και, δεν, παίζει.

c) ελληνικά, τόσο, εσύ, καλά, ξέρεις.

d) δεν είναι, όσοι, μαχαίρι, μάγειρες, όλοι, έχουν.

e) πανεπιστήμιο, ο Δημήτρης, μαθαίνει, στο, αρχαία ελληνικά, ο Ούβε, και, νέα ελληνικά.

f) μπαίνει, βγαίνει, αφτί, από το άλλο, από το ένα.

8 Diktat

Όταν λείπει το μαχαίρι, χορεύει ο μάγειρας, αλλά όταν λείπουν τα ποντίκια, δε χορεύουν οι γάτες. Τι είναι αυτά; Δεν καταλαβαίνω τίποτα. Μα δεν ξέρεις; Οι γάτες και οι γάτοι τρώνε τα ποντίκια.

9 Übersetzen Sie:

1. Uwe kann kein Neugriechisch, nur Altgriechisch. Aber er lernt jetzt auch Neugriechisch. Marina kann kein Altgriechisch, aber gut Neugriechisch. Sie geht nicht in den Unterricht.
2. Hugo kann gut Griechisch, aber er hört nicht gut. Er wartet auf dem Bahnhof auf den Zug. Im Kaffeehaus des Bahnhofs trinkt er einen Uso und liest ein Buch. Er hört nichts und sieht nichts, er liest nur und trinkt. Plötzlich (ξαφνικά) schreit er: Homer, Homer! Von zwei Tischen rufen zwei Herren: Ja bitte (ορίστε), was wollen Sie? Und Hugo: Verzeihung (συγνώμη), ich lese hier den Homer!

3. Sind Sie vielleicht Grieche? Nein, ich bin kein Grieche, sondern Deutscher. Sie können aber so gut Griechisch. Ja, ich lerne Altgriechisch. Neugriechisch? Nein, Altgriechisch. Ich verstehe nichts. Neugriechisch kann ich, Altgriechisch lerne ich.

10 Übung zur Geschichte

Schlagen Sie in einer guten Enzyklopädie unter dem Artikel »Byzanz« nach und suchen Sie dort nach der Erklärung, warum die Griechen sich bis ca. 1821 im volkstümlichen Gebrauch »Römer« nannten, sich zum Teil bis heute noch so nennen und das Griechentum »Ρωμιοσύνη«.

11 Spielanleitung

Personen: Sie, Ihre Freundin, ein griechischer »Philhellene«, dessen alte Mutter.

Ort: Ein ΖΑΧΑΡΟΠΛΑΣΤΕΙΟ im Hafen von Piräus (vergleichen Sie »Ein Schiff wird kommen«, Teil 2, Seite 92).

Sie:	erkundigen sich auf Altgriechisch oder was Sie dafür halten, nach dem Schiff nach Delos.
Er:	(der Philhellene, am Nachbartisch) ist begeistert und versteht kein Wort.
Freundin:	wirft ein paar Brocken in neugriechischer Aussprache ein.
Er:	ist immer noch begeistert, fängt aber an, das Sprachproblem mit der Schiffsauskunft zu kombinieren. Schön das Altgriechische, aber nach Delos (οι Δήλες) – er benutzt das Wort η Δήλος – gibts direkt kein Schiff (το καράβι).
Sie:	»Wie sollen wir also dahinkommen?« Και τότε πώς να πάμε εκεί;
Er:	nach Mykonos zuerst. Erzählt dann von den Altertümern (τα αρχαία) auf Delos.

Sie: deuten αρχαία als »Altgriechisch«, womit Sie auch gar nicht so Unrecht haben.

Die alte Dame: sagt meist nur »έτσι είναι, παιδί μου«, was weder Ihre Freundin noch Sie selbst verstehen.

Er: ist stolz, ein Grieche zu sein (Έλληνας).

Freundin: schneidet die Frage nach dem Ρωμιός und der Ρωμιοσύνη an.

Er: will davon wenig wissen und beginnt à la Textstück A mit dem Unterricht.

Sie und Freundin: nehmen die Gelegenheit, viele interessante Wörter im Akkusativ zu hören, gern wahr. Sie übertreffen sich in Fragen wie και εδώ τι βλέπουμε / ακούμε / τρώμε / πίνουμε;

Er: antwortet wie ein Oberlehrer.

Sie: versuchen, die alte Mutter ins Gespräch mit einzubeziehen und nennen sie »αρχαία«.

Mutter: lehnt dies entschieden ab.

Freundin: versucht es mit παλιά.

Er: erklärt Ihnen den Unterschied (μεγάλη).

Am Schluß wissen alle Beteiligten, wie Sie nach Delos kommen.

Βάρκα στο γιαλό

1. Πέντε πέντε δέκα
   δέκα δέκα
   ανεβαίνω τα σκαλιά,
   για τα δυο σου μάτια
   για τις δυο φωτιές,
   όταν με κοιτάζουν,
   νιώθω μαχαιριές.

   Βάρκα στο γιαλό
   βάρκα στο γιαλό,
   γλάστρα με ζουμπούλι
   και βασιλικό.

2. Πέντε πέντε δέκα
   δέκα δέκα
   θα σου δίνω τα φιλιά,
   κι όταν σε μεθύσω
   κι όταν θα σε πιω
   θα σε νανουρίσω
   με γλυκό σκοπό.

   Βάρκα στο γιαλό κτλ.

3. Πέντε πέντε δέκα
   δέκα δέκα
   κατεβαίνω τα σκαλιά
   φεύγω για τα ξένα
   για την ξενιτιά
   και μην κλαις για μένα,
   αγάπη μου γλυκιά.

   Βάρκα στο γιαλό κτλ.

Μουσική και στίχοι:
Μίκης Θεοδωράκης

Ein Boot am Strand

Fünf und fünf, zehn und zehn Stufen zugleich renne ich die Treppe hoch wegen deiner Augen, deiner Feuer, wenn die mich anblicken, fühle ich Messerstiche. Ein Boot am Strand, ein Blumentopf mit einer Hyazinthe und Basilikum.

Fünf und fünf, zehn und zehn Küsse zugleich gebe ich dir und wenn ich dich trunken gemacht habe und wenn ich dich getrunken habe, wiege ich dich in den Schlaf mit einer süßen Melodie. Ein Boot am Strand...

Fünf und fünf, zehn und zehn gehe ich die Treppe hinab, ich gehe in fremde Länder, in die Fremde. Weine nicht um mich, meine süße Liebe. Ein Boot am Strand...

Καινούριες λέξεις

ακούω	ich höre
καταλαβαίνω	ich verstehe
ο σταθμός	Bahnhof
το τρένο	Zug
πάω	ich gehe
ο κύριος	Herr
το καφενείο	Kaffeehaus
τι ώρα είναι;	wieviel Uhr ist es?
η ώρα	Stunde, Zeit
λέω	ich sage
το μάθημα	Unterricht
αρχίζω	ich beginne
το τραπέζι	Tisch
ο άνθρωπος	Mensch
το φαγητό	Essen
το ποτήρι	Glas, Becher
το νερό	Wasser

ξέρω ελληνικά	ich kann Griechisch
»άνδρα μοι έννεπε, μούσα, πολύτροπον... «	»nenne mir, Muse, den Mann, den vielgewandten...« (Homer Odyssee I,1.)
τι είναι αυτά;	was soll das?
δεν καταλαβαίνω τίποτα	ich verstehe nichts
δε(ν) ... τίποτα	nichts
ο Όμηρος	Homer
η σοφία και η τέχνη των Αρχαίων	die Weisheit und die Kunst der alten Griechen
η σοφία	Weisheit

η τέχνη	Kunst, Handwerk
οι Αρχαίοι	die alten Griechen
ας τον Όμηρο!	laß Homer (in Frieden)!
άσε!	laß!
λοιπόν	also (folgernd)
παρακάτω	weiter (weiter unten)
η φίλη	Freundin
πέντε	fünf
ο άντρας	Mann
τρεις, τρία	drei
το παιδί	Kind
ο μαθητής	Schüler
το βουνό	Berg
το σπίτι	Haus
ο ουρανός	Himmel
εσύ	du
το πανεπιστήμιο	Universität
το μεγάφωνο	Lautsprecher
η μουσική	Musik
η φωνή	Stimme
το τραγούδι	Lied
η γάτα	Katze
διαβάζω	ich lese
το γράμμα	Brief
το βιβλίο	Buch
η εφημερίδα	Zeitung
τρώω	ich esse
το ψωμί	Brot
το τυρί	Käse
η ελιά	Olive
πίνω	ich trinke
το ούζο	Uso (Anisschnaps)
η ρετσίνα	Retsina (geharzter Wein)
μήπως	vielleicht
ο Ρωμιός	Grieche (»Römer«)
τόσο καλά	so gut
τόσο	so (bei Quantitätsangaben)
τα αρχαία (ελληνικά)	Altgriechisch
μαθαίνω	ich lerne
τα νέα ελληνικά	Neugriechisch
γιατί;	warum?
γιατί	weil
στην αρχή	am Anfang
χωρίς	ohne
το ακουστικό	Hörgerät, Telefonhörer
η παροιμία	Sprichwort
όσοι	alle die
το μαχαίρι	Messer
ο μάγειρας	Koch
όταν	wenn, als
λείπω	ich fehle
ο γάτος	Kater
χορεύω	ich tanze
το ποντίκι	Maus
από το ένα αφτί μπαίνει	zum einen Ohr geht es hinein
το αφτί	Ohr
μπαίνω	ich gehe, komme hinein, herein

Καινούριες λέξεις

από το άλλο αφτί βγαίνει	zum anderen Ohr geht es hinaus
βγαίνω	ich gehe hinaus, aus

zu 5B

το κοτόπουλο	Hühnchen
ο μήνας	Monat
ο ναύτης	Matrose, Seemann
η καρδιά	Herz
η θάλασσα	Meer
η ελπίδα	Hoffnung
η λεμονάδα	Limonade
η γυναίκα	Frau
εμείς	wir
εσείς	ihr, Sie
αυτός	dieser, er
αυτή	diese, sie
εκείνος	jener
κάτι	etwas
πάω σπίτι	ich gehe nach Hause, heim
κάπου	irgendwohin, irgendwo

zu 5C

το ραδιόφωνο	Radio
ξαφνικά	plötzlich
συγνώμη!	Verzeihung!

ΚΑΤΑΛΟΓΟΣ ΦΑΓΗΤΩΝ
Πρασόρυζο
Ντοματοπιπεριὲς γεμ.
Μελιτζάνες ἰμὰμ - μπα
Φασόλια φούρνου
Πατάτες τηγανιτὲς
Μελιτζάνες τηγαν
Πιπεριὲς τηγαν
Φασόλια ἐλαίο
Φακὲς σούπα
Ρεβύθια
Μπριὰμ
Μπαρμ
ALEXI SNACK BAR
ΡΕΣΤΩΡΑΝ
Η ΣΥΝΑΝΤΗΣΗ
Ο ΑΡΙΣΤΟΜΕΝΗΣ
Φασόλια μπιάζι σα
Ταραμοσαλάτα
Μελιτζανοσαλάτα
'Αντσοῦγες
'Αντσοῦγες
Σαρδέλλες
'Ελιὲς
'Οκταπ
ΟΙΝΟΖΥΘΕΣΤΙΑΤΟΡΙΟΝ
Ο ΓΕΡΟΠΛΑΤΑΝΟΣ
ΒΑΣΙΛ. ΝΙΚ. ΔΟΥΚΑ
συκωτ. πουλιῶν
ΕΣΧΑΡΑΣ
φτέκι σχάρας
φιλέτο
cafe Pub
DIOGENES
RESTAURANT
Συναγρίδα φέτα σχάρας
Μύδια τηγανιτὰ
Βακαλάος βραστὸς
ΣΑΡΔΕΛΕΣ ΦΟΥΡΝΟΥ 6 ΠΕΣ.
25
Σκουμπριὰ σχάρας
Σουπιὲς γιαχνὶ
Λαυράκι σχάρας
Κεφαλόπουλο σχάρας
4250
ψάρια
ΚΑΦΕΟΙΝΟΖΥΘΕΣΤΙΑΤΟΡΙΟΝ
Η ΕΠΑΝΘΙΑΤΕΑ
ΜΑΡΓΑΡΙΤΑΣ ΑΠΟΥΣΙΑΟΥ
Σάμος φιάλη
» Δεμέστιχα
» Σάμος φιάλη
» Δεμέστιχα 320
» Ναούσης φιάλη
» Ναούσης φιάλη 320 γρ.

Δεν τρώει τίποτα

Η Ευτυχία παίρνει τηλέφωνο το Γιάννη:

Γιάννης: Εμπρός!

Ευτυχία: Γεια σου, Γιάννη, εδώ Ευτυχία, τι κάνεις;

Γιάννης: Γεια σου, καλά, εσύ;

Ευτυχία: Καλά, ευχαριστώ. Πάμε απόψε στην ταβέρνα του Μανόλη;

Γιάννης: Τι έχει εκεί;

Ευτυχία: Έχει καλούς μεζέδες, καλά φαγητά, πολύ ωραία πράματα. Σήμερα έχει και ψάρια.

Γιάννης: Τι φαγητά έχει;

Ευτυχία: Έχει γύρο, κοκορέτσι, μοσχάρι ψητό, πατάτες του φούρνου, μακαρόνια, ρύζι και πολλές σαλάτες.

Γιάννης: Τι λες! Και λεφτά ποιος έχει;

Ευτυχία: Τι ερώτηση είναι αυτή; Πάμε και βλέπουμε!

Γιάννης: Τι απάντηση είναι αυτή: Πάμε και βλέπουμε!

Στην ταβέρνα του Μανόλη.

Ευτυχία: Εγώ θέλω για μεζέ ντολμαδάκια, τζατζίκι, ταραμοσαλάτα, ελιές, σαρδέλες, μια αγγουροντοματοσαλάτα κι ένα ουζάκι, που ανοίγει την όρεξη.

Γιάννης: Τι; Τι θέλεις;

Ευτυχία: ... για φαγητό μοσχάρι ψητό, κεφτέδες με πατατούλες και σαλάτα λάχανο: και για ποτό ρετσίνα!

Το γκαρσόνι φέρνει τους μεζέδες και τα φαγητά. Δίνει τη ρετσίνα στην Ευτυχία, τους κεφτέδες και το ψητό στο Γιάννη, και βάζει τις σαλάτες στη μέση του τραπεζιού.

Ευτυχία: Στην υγειά σου, Γιάννη.

Γιάννης: Εγώ δεν πίνω τίποτα...

Ευτυχία: Τι;

Γιάννης: ... και δεν τρώω τίποτα.

Ευτυχία: Και γιατί, παρακαλώ;

Γιάννης: Δεν τρώω ούτε ψητό ούτε πατάτες ούτε κεφτέδες ούτε...

Ευτυχία: Μα γιατί, Γιάννη μου;

Γιάννης: Γιατί από σήμερα νηστεύω. Καλή όρεξη!

Ευτυχία: Εγώ θέλω και μια φέτα, πάνω στους κεφτέδες λίγη ρίγανη, και έπειτα για γλυκό ένα μπακλαβά, παρακαλώ.

Γιάννης: Και ποιος πληρώνει, Ευτυχία μου;

Ευτυχία: Κι εσύ; Μήπως θέλεις ένα καταΐφι, παγωτό ή ένα γλυκό του κουταλιού;

Γιάννης: Όχι: ούτε γλυκό ούτε παγωτό τρώω σήμερα.

Ευτυχία: Εγώ λοιπόν θέλω ένα αχλάδι για συμπλήρωμα. Αχ ναι, κι έναν καφέ, παρακαλώ, χωρίς ζάχαρη!

Γιάννης: Εγώ, παρακαλώ, ένα νερό της βρύσης!

Γκαρσόνι: Και το λογαριασμό! Ο καφές είναι του καταστήματος.

Γιάννης: Απόψε πληρώνει η δεσποινίς! Γεια σου, Ευτυχία, εγώ φεύγω, είναι πολύ αργά, έχω δουλειά! Και ... καλή χώνεψη!

Maskulina auf: -ές

έχει καλούς **μεζέδες**
πάνω στους **κεφτέδες**
κι έναν **καφέ**

	Sing.	Plur.
N.	-ές	-έδες
G.	-έ	-έδων
A.	-έ	-έδες

N.	ο καφές	οι καφέδες
G.	του καφέ	των καφέδων
A.	τον καφέ	τους καφέδες
V.	καφέ	καφέδες

Neutra auf: -μα

αχλάδι για **συμπλήρωμα**
είναι **του καταστήματος**

	Sing.	Plur.
N.	-μα	-ματα
G.	-ματος	-μάτων
A.	-μα	-ματα

N.	το γράμμα	τα γράμματα
G.	του γράμματος	των γραμμάτων
A.	το γράμμα	τα γράμματα

N.	το μάθημα	τα μαθήματα
G.	του μαθήματος	των μαθημάτων
A.	το μάθημα	τα μαθήματα

Wie το γράμμα geht auch το γάλα die Milch: τα γάλατα. Auch το κρέας – das Fleisch, und το φως – das Licht gehen im Gen. auf -τος: του κρέατος, του φωτός, und im Nom. Plur. auf -τα: τα κρέατα, τα φώτα, im Gen. Plur. auf -των: των κρεάτων, των φωτών aus.

Feminina auf: -σ-η

τι **ερώτηση** είναι αυτή;

τι **απάντηση** είναι αυτή;

	Sing.	Plur.
N.	-σ-η	-σ-εις
G.	-σ-ης	-σ-εων
A.	-σ-η	-σ-εις

	Sing.	Plur.
N.	η ερώτηση	οι ερωτήσεις
G.	της ερώτησης	των ερωτήσεων
A.	την ερώτηση	τις ερωτήσεις

Neben της ερώτησης im Gen. Sing. steht in der geschriebenen Sprache auch της ερωτήσεως.

Wie die Feminina auf -σ-η (dazu gehören auch die Feminina auf -ξ-η und -ψ-η) gehen auch: η πόλη (die Stadt) und η δύναμη (die Macht, Kraft).

Die wichtigsten Präpositionen (alle stehen mit dem Akkusativ)

σε **in, auf, an, nach, bei, zu**

Bei dem Zusammentreffen von σε mit dem bestimmten Artikel entstehen folgende Kombinationen:

στο(ν) στη(ν) στο στους στις στα

Beispiele: Πού είναι το ούζο; Wo ist der Uso?

Σε ένα τραπέζι **Auf** einem Tisch.

Βάζει το φαγητό στο τραπέζι
Er stellt das Essen **auf den** Tisch.

Είμαι στην Ελλάδα
Ich bin **in** Griechenland.

Πάω στην Ελλάδα
Ich fahre **nach** Griechenland.

Eine Unterscheidung zwischen Ruhelage und Bewegung wie im Deutschen gibt es im Griechischen nicht.

πηγαίνω στην ταβέρνα — Ich gehe **in die** Taverne.
είμαι στην ταβέρνα — Ich bin **in der** Taverne.

Die Konstruktion mit der Präposition σε entspricht oft deutschem Dativ:
δίνει τη ρετσίνα στην Ευτυχία
Er gibt Eftychia den Wein.

από **von, aus, seit, ab, je**

Beispiele: το καΐκι φεύγει από την Κρήτη
Das Schiff fährt **von** Kreta ab.

είμαι από την Κρήτη
Ich bin **aus** Kreta.

από σήμερα νηστεύω
Von heute **ab** esse ich nichts mehr (faste ich).

από πότε δεν τρως τίποτε;
Seit wann ißt du nichts?

πίνουν από ένα κρασί
Sie trinken **je** einen Wein (distributiv).

Verbindungen von σε oder από mit Adverbien:

σε oder από bilden zusammen mit Adverbien wie πάνω oben, κάτω unten, πίσω hinten, μπροστά vorne usw. neue »präpositionale Ausdrücke«, die im Deutschen oft eigenen Präpositionen entsprechen.

Bei solchen Verbindungen drückt jeweils

σε **die räumliche oder zeitliche Nähe,**

από **die räumliche oder zeitliche Entfernung**

zum Objekt aus.

Beispiele:
φέρνω τα μακαρόνια στο τραπέζι
Ich »bringe« die Spaghetti **zum Tisch**.

βάζω τα μακαρόνια πάνω στο τραπέζι
Ich stelle die Spaghetti (die Schüssel mit den Spaghetti) **auf den Tisch**.

→ (Präzisierung und Festlegung auf »auf« bei räumlicher Nähe = Berührung)

κρεμάω τη λάμπα πάνω από το τραπέζι
Ich hänge die Lampe **über den Tisch**.

→ (Präzisierung »oben von weg« = »über« bei Betonung der räumlichen Entfernung: die Lampe liegt nicht auf dem Tisch)

βάζω το σκαμνί κάτω από το τραπέζι
Ich stelle den Hocker **unter den Tisch**.

→ (Präzisierung »unten von weg« = »unter« bei Betonung der räumlichen Entfernung)

για **für, über, als**

ο καθρέφτης είναι για την ομορφιά	Der Spiegel ist für die Schönheit.
τι λες για το Γιάννη;	Was sagst du über Jannis?
θέλω για μεζέ ντολμαδάκια	Ich möchte als Vorspeise Dolmadakia.

με **mit**

κεφτέδες με πατατούλες	Fleischbällchen mit Fritten

Konjunktion **ούτε ... ούτε** **weder .. noch**

Steht das Verb vor dem mit ούτε ... ούτε verneinten Ausdruck, so ist dieses Verb zusätzlich mit δε(ν) zu verneinen.

Beispiel: **ούτε** ψωμί **ούτε** ψάρι τρώει
δεν τρώει **ούτε** ψωμί **ούτε** ψάρι

έχει mit Akkusativ: auch **»es gibt«**

Beispiel: έχει καλούς μεζέδες, καλά φαγητά και καλό κρασί.

Μήπως θέλεις γλυκό του κουταλιού; = θέλεις γλυκό του κουταλιού;
μήπως — **»vielleicht«** (nur in Fragesätzen); macht eine Frage höflicher.

Die Zahlen von 1 bis 10

ένα
δύο
τρία
τέσσερα
πέντε
έξι
εφτά oder επτά
οχτώ oder οκτώ
εννιά oder εννέα
δέκα

Dekliniert werden
ένα, τρία und **τέσσερα.**

ένας	μια	ένα
ενός	μιας	ενός
ένα(ν)	μια(ν)	ένα

τρεις	τρεις	τρία
τριών	τριών	τριών
τρεις	τρεις	τρία

τέσσερις	τέσσερις	τέσσερα
τεσσάρων	τεσσάρων	τεσσάρων
τέσσερις	τέσσερις	τέσσερα

1 Setzen Sie den richtigen Akzent:

Το γκαρσονι φερνει τους μεζεδες. Εγω θελω και μια φετα, παρακαλω, και για γλυκο ενα αχλαδι, αλλα οχι νερο της βρυσης.

Ο καφες ειναι του καταστηματος. Ο Γιαννης βαζει τη λαμπα πανω στο τραπεζι και η Ευτυχια βλεπει δυο φιλες, πεντε αντρες, μαθητες, βουνα, τρια παιδια, μονο τρενο δε βλεπει. Ο Γιαννης εχει δουλεια και φευγει. Δεν πληρωνει γιατι δεν εχει λεφτα. Γιατι πληρωνει η Ευτυχια; Τι ερωτηση ειναι αυτη; Γιατι τρωει πολυ.

2 Antworten Sie:

Πού πάνε η Ευτυχία και ο Γιάννης;

Τι φαγητά έχει ο Μανόλης;

Τι ποτά έχει;

Έχει μεζέδες;

Τι μεζέδες έχει;

Η Ευτυχία τι τρώει;

Ο Γιάννης τι τρώει;

Τι πίνει; Γιατί;

Για γλυκό τι έχει;

Έχει λεφτά ο Γιάννης;

Έχει λεφτά η Ευτυχία;

Ποιος πληρώνει το λογαριασμό;

Γιατί φεύγει ο Γιάννης;

3

Βάζω, μεζές, τραπέζι.

Βάζει **τους μεζέδες στο** τραπέζι.

Βάζω, σαλάτα, μέση του τραπεζιού.

Φέρνω, πατάτα, ο Μανόλης.

Δίνω, κεφτές, η Ευτυχία.

Βάζω, ντολμαδάκι, τραπέζι.

Διαβάζω, γράμμα, σπίτι.

Αρχίζω, μάθημα, πανεπιστήμιο.

4

Για μεζέ τι θέλετε; Για μεζέ θέλω ...

Για ποτό τι θέλεις;

Για γλυκό τι θέλει;

Για φαγητό τι θέλουν;

Για μεζέ τι θέλετε;

Για συμπλήρωμα τι θέλει;

5

Θέλω, παγωτό.

Μήπως θέλετε ένα παγωτό;

Θέλω, γλυκό του κουταλιού, ταραμοσαλάτα, ρετσίνα, πατάτες του φούρνου, μακαρόνια, κεφτέδες με πατάτες τηγανητές, καταΐφι, γύρος, αχλάδι, ουζάκι, ντολμαδάκια, κοκορέτσι, αγγουροντοματοσαλάτα, καφές, ψωμί, νερό της βρύσης.

6

τρώει

δεν τρώει τίποτε

πίνει, βλέπω, έχουν, θέλω

7 Από, σ(ε), για oder με

... σήμερα νηστεύω. Θέλει ένα παγωτό ... συμπλήρωμα. Θέλετε το φαγητό ... ρετσίνα ή ... νερό; Ο Βαγγέλης είναι ... μια ταβέρνα. Ο καφές είναι ... το Μανόλη ... την Ευτυχία. Δίνει τους κεφτέδες ... το Γιώργο. Ο Μανόλης και η Ευαγγελία τρώνε ... τρεις σαλάτες. Οι πατάτες είναι ... τον κύριο, η ζάχαρη ... τον καφέ. Πίνει νερό ... τη βρύση. Ο παπάς είναι ... την εκκλησία. Τι βάζεις πάνω ... τους κεφτέδες; Πηγαίνει ... τους φίλους ... το θέατρο. Σήμερα η Ευαγγελία είναι ... τη Βόννη. Οι πατάτες είναι ... το φούρνο. Τι λες ... το κρασί;

8 σ(ε) oder από

Ο πίνακας είναι πάνω ... το τραπέζι. Βάζει τους μεζέδες πάνω ... το τραπέζι. Μπροστά ... τη μηχανή είναι το σκαμνί. Το καφενείο είναι πίσω ... την εκκλησία. Πίσω ... την εκκλησία είναι ο παπάς. Το σκυλί είναι κάτω ... το τραπέζι. Τώρα είναι πάνω ... το τραπέζι. Ουστ! (Pfui!)

9

Τι έχει ο Μανόλης; (μηχανή)	Τι έχει πάνω στο τραπέζι; (βιβλίο)
Ο Μανόλης έχει **μια** μηχανή.	Πάνω στο τραπέζι έχει **ένα** βιβλίο.

Τι έχει στην κουζίνα; (σκαμνί, τραπέζι)
Τι έχει η μαμά; (χτένα).
Τι έχει κάτω από το τραπέζι; (μεγάφωνο).
Τι έχει ο Ούβε; (ακουστικό).
Τι έχει στο σταθμό; (άνθρωποι, τρένα).
Τι έχει στην ταβέρνα του Μανόλη; (φαγητά, κρασί, ούζο).
Τι έχει στα καφενεία; (καφές, νερό, γλυκά, εφημερίδες).
Τι έχει στο φωτογραφείο; (λάμπα, καθρέφτης, φωτογράφος).
Τι έχει στην εκκλησία; (παπάς, κύριοι, παιδιά).
Τι έχει σήμερα στην εφημερίδα; (τίποτε).

10 Setzen Sie fort bis 10:

μια ταβέρνα, κεφτές, γράμμα, άνθρωπος, παιδί, καφές, γυναίκα, πόλη, κύριος, φαγητό.

11 Übersetzung:

Der Kellner bringt Herrn Vangelis Brot und Wasser. Er wartet auf die Bestellung (η παραγγελία) von Herrn Vangelis. Dieser sagt:

Herr V.:	Ich esse heute nur Vorspeisen und keine Hauptgerichte. Als Vorspeise möchte ich einen Gyros.
Kellner:	Gyros ist aber Hauptgericht, keine Vorspeise.
Herr V.:	Ich möchte aber Gyros!
Kellner:	Bitte sehr! Sofort!
Herr V.:	Und zur Abrundung eine Birne.
Kellner:	Wir haben heute keine Birnen.
Herr V.:	Und was haben Sie?
Kellner:	Rinderbraten!
Herr V.:	Ich sage als Süßspeise, nicht als Hauptgericht.
Kellner:	Wenn (όταν) Sie Gyros als Vorspeise essen, warum essen Sie nicht Rinderbraten als Süßspeise?
Herr V.:	Weil ich faste!

12 Schreiben Sie eine Kurzgeschichte,
in der Sie auch folgende Wörter benutzen:

το μαχαίρι	Messer
το πιρούνι	Gabel
το κουταλάκι	Teelöffel

τα μαχαιροπίρουνα	Besteck
η πετσέτα	Serviette
το πιάτο	Teller
το ποτήρι	Glas
το τραπεζομάντιλο	Tischtuch
το τηγάνι	Pfanne
η κατσαρόλα	Kochtopf
το ταψί	Backblech
η ηλεκτρική κουζίνα	Elektroherd
μαγειρεύω	(ein Essen) kochen
βράζω	kochen, sieden
ψήνω	braten, backen, rösten
τηγανίζω	etwas in der Pfanne braten.

12 Spielanleitung

Personen: Ειρήνη, Σοφία, Kellner, Wirt.

Ort: eine Taverne

Irini. mehr aus Versehen in der Taverne gelandet, will nichts essen.

Kellner: preist Vorspeisen und Speisen in großer Zahl und guter Qualität an.

Sofia: fängt an zu bestellen.

Wirt: macht auf Spezialitäten aufmerksam.

Sofia: bestellt über ihren Appetit.

Irini: versucht zu bremsen. Sie will einen Kaffee ohne Zucker (σκέτο).

Kellner: bringt den Kaffee und nimmt von

Sofia: weitere Bestellungen entgegen.

Irini: beschwert sich, weil der Kaffee ganz süß ist.

Wirt: kümmert sich um das Problem. Er lädt zu einem Uso-Special ein.

Irini: läßt sich korrumpieren, streicht die Segel.

Kellner: nimmt auch hier die Bestellungen entgegen.

Sofia und Irini: bezahlen, nachdem der

Wirt: noch einmal darauf aufmerksam gemacht hat, daß das Uso-Special auf seine Rechnung geht (είναι του καταστήματος).

Δόξα τω θεώ

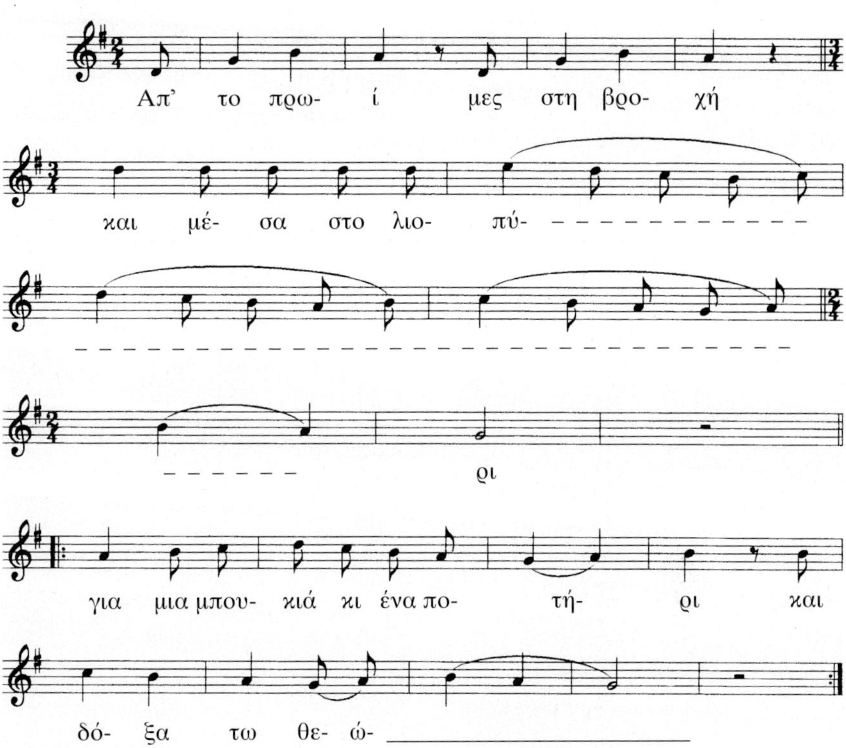

Δόξα τω θεώ

Απ' το πρωί μες στη βροχή
και μέσα στο λιοπύρι
για μια μπουκιά κι ένα ποτήρι,
και δόξα τω θεώ.

Πέτρα την πέτρα ολημερίς
χτίζω και δε σε φτάνω
ήλιε μου, πόσο είσαι πάνω,
και δόξα τω θεώ.

Παράθυρο για τ' όνειρο
κι αυλή για το σεργιάνι,
ο ίσκιος σου να μη σε φτάνει,
και δόξα τω θεώ.

Gott sei Dank

Seit frühmorgens im Regen
und in der Sonnenglut
für einen Bissen Brot und ein Glas Wasser
Gott sei Dank.

Stein auf Stein den ganzen Tag über
baue ich, aber ich erreiche dich nicht,
meine Sonne, wie hoch oben du bist
Gott sei Dank.

Ein Fenster zum Träumen
und ein Hof für das Vergnügen
daß dein Schatten dich nicht mehr erreicht
Gott sei Dank.

Μουσική: Μίκης Θεοδωράκης
Στίχοι: Ιάκωβος Καμπανέλλης

παίρνω τηλέφωνο	anrufen, telefonieren
παίρνω	nehmen, bekommen
το τηλέφωνο	Telefon
εμπρός	»hallo« (wörtl. »vorwärts«)
γεια σου	»grüß dich«
τι κάνεις;	»wie geht es dir?« (wörtl. »was machst du«)
απόψε	heute abend, heute nacht
η ταβέρνα	Taverne
έχει	es gibt
μεζές	Häppchen, Vorspeise
καλά φαγητά	gute Speisen
καλός, -ή, -ό	gut
το κρασί	Wein
πολύ	viel, sehr
ωραία πράματα	schöne Sachen
το πρά(γ)μα	Sache
ωραίος, -α, -ο	schön
σήμερα	heute
το ψάρι	Fisch
ο γύρος	Spießfleisch, »Gyros«
το κοκορέτσι	Innereien vom Spieß
μοσχάρι ψητό	Rinderbraten
το ψητό	Braten, Bratfleisch
το μοσχάρι	Rind
πατάτες του φούρνου	Bratkartoffeln (aus dem Ofen)
η πατάτα	Kartoffel
ο φούρνος	Backofen, Bäckerei
τα μακαρόνια	Teigwaren, Makkaroni, Nudeln
το ρύζι	Reis
πολλές σαλάτες	viele Salate
η σαλάτα	Salat
πολύς, πολλή, πολύ	viel
τι λες!	was du (nicht) sagst!
τα λεφτά	Geld
τι ερώτηση είναι αυτή;	was für eine Frage ist diese, was ist das für eine Frage?
η ερώτηση	Frage
αυτός, -ή, -ό	dieser, diese, dieses
η απάντηση	Antwort
τα ντολμαδάκια	Dolmadakia (mit Reis gefüllte Weinblätter)
το τζατζίκι	Joghurtsauce (mit Gurke, Knoblauch und Dill)
η ταραμοσαλάτα	(angemachte) Fischrogensauce
η σαρδέλα	Sardelle

Καινούριες λέξεις

η αγγουροντοματοσαλάτα	Gurken-Tomaten-Salat
το ουζάκι	etwas Uso (wörtl. »das Usolein«!)
που	»wo« (Relativpronomen)
ανοίγει την όρεξη	regt den Appetit an
ανοίγω	öffnen, aufmachen
η όρεξη	Appetit
ο κεφτές	Hackfleischbällchen
οι πατατούλες, τα πατατάκια	Fritten (nicht offiziell)
πατάτες τηγανητές	Pommes Frites (offiziell)
τηγανητός	gebraten
σαλάτα λάχανο	(Weiß)kohlsalat
το λάχανο	(Weiß)kohl
για ποτό	als Getränk
το γκαρσόνι	Kellner
φέρνω	bringen
δίνω	geben
η μέση	Mitte
στην υγειά σου, γεια σου	zum Wohl (dir), »Prost«!
εις υγείαν, γεια μας	zum Wohl (allgemein)
ούτε... ούτε	weder ... noch
ούτε	und nicht, auch nicht, nicht einmal
Γιάννη μου!	mein Hans!

από σήμερα	ab heute
σήμερα	heute
νηστεύω	fasten
η φέτα	Scheibe (speziell Schafskäse)
(ε)πάνω	oben, auf... drauf
λίγη ρίγανη	etwas Oregano
λίγος, -η, -ο	wenig, etwas
η ρίγανη	Oregano (Gewürz)
έπειτα	dann, danach, später
το γλυκό	Süßigkeit, »Nachtisch«
ο μπακλαβάς	Baklava (Süßigkeit aus Blätterteig, Sirup und Nüssen)
πληρώνω	bezahlen
το καταΐφι	Kataif (Süßigkeit aus Blätterteigfäden, Sirup und Mandeln)
το παγωτό	Eis
το γλυκό του κουταλιού	»das Süße vom Löffel« (kandierte Früchte in Sirup)
το κουτάλι	Löffel
το αχλάδι	Birne
ο καφές	Kaffee
το συμπλήρωμα	Ergänzung
η ζάχαρη	Zucker
νερό της βρύσης	Leitungswasser

η βρύση	Wasserhahn, Wasserleitung
ο λογαριασμός	Rechnung
είναι του καταστήματος	»geht auf Kosten des Hauses«
το κατάστημα	Geschäft, Lokal
η δεσποινίς	Fräulein
φεύγω	weggehen, wegfahren
αργά	spät
έχω δουλειά	ich habe zu tun
η δουλειά	Arbeit
καλή χώνεψη	»wohl bekomms«!
η χώνεψη	Verdauung

zu 6B

το γάλα	Milch
το κρέας	Fleisch
το φως	Licht
η πόλη	Stadt
η δύναμη	Kraft, Macht
σε	in, an, auf, nach, bei, zu
από	von, aus, seit, ab, je
κάτω	unten, hinunter
πίσω	hinten
μπροστά	vorne
κρεμάω	hängen, aufhängen

zu 6C

το σκυλί	Hund
ουστ!	pfui!
η παραγγελία	Bestellung

ΚΑΦΕ ΟΥΖΟ
Ο
ΑΝΤΑΡΤΗΣ

Ένα καπέλο, παρακαλώ!

Κώστας: Χαίρετε!

Πωλήτρια: Καλημέρα, τι θέλετε;

Κώστας: Ένα καπέλο και γρήγορα παρακαλώ, είμαι πολύ βιαστικός.

Πωλήτρια: Τι καπέλο θέλετε; Έχουμε πολύ ωραία καπέλα. Καπέλα για το χειμώνα, καπέλα για το καλοκαίρι, καπέλα για την άνοιξη και καπέλα για το φθινόπωρο.

Κώστας: Θέλω ένα καπέλο για τον ήλιο.

Πωλήτρια: Ένα ψάθινο, δηλαδή;

Κώστας: Όχι, από ύφασμα.

Πωλήτρια: Τι χρώμα; Άσπρο, μαύρο, κόκκινο, μπλε, πράσινο ή γκρίζο καπέλο;

Κώστας: Κίτρινο δεν έχετε; Θέλω ένα σκούρο κίτρινο!

Πωλήτρια: Δηλαδή ψάθινο;

Κώστας: Όχι, από ύφασμα! Δεν ακούτε καλά;

Πωλήτρια: Ορίστε, ένα κίτρινο με μαύρη λουρίδα, πολύ ωραίο δεν είναι;

Κώστας: Δεν είναι κακό, αλλά είναι μικρό. Εγώ έχω μεγάλο κεφάλι.

Πωλήτρια: Ορίστε, ένα πιο μεγάλο!

Κώστας: Αλλά αυτό είναι χοντρό και ζεστό!

Πωλήτρια: Μα τι λέτε, αφού είναι λεπτό και δροσερό.

Κώστας: Ίσως για το χειμώνα: πάντως για το καλοκαίρι είναι πολύ ζεστό.

Πωλήτρια: Φυσικά για το καλοκαίρι, για το χειμώνα έχουμε άλλα, πολύ ωραία καπέλα.

Κώστας: Γι' αυτό θέλω κι εγώ ένα μεγάλο, λεπτό, δροσερό, σκούρο κίτρινο καπέλο από ύφασμα για τον ήλιο.

Πωλήτρια: Να ένα λίγο πιο μικρό, λίγο πιο χοντρό, λίγο πιο ζεστό, άσπρο με κίτρινη κορδέλα.

Κώστας: Όμορφο καπέλο.

Πωλήτρια: Θαύμα! Το πιο ωραίο καπέλο που υπάρχει.

Κώστας: Πόσο κάνει;

Πωλήτρια: Είκοσι χιλιάδες δραχμές!

Κώστας: Ε όχι, είναι πάρα πολύ ακριβό!

Πωλήτρια: Όχι, τζάμπα είναι, κύριε, χοντρό και λεπτό, μικρό και μεγάλο, ζεστό και δροσερό, κίτρινο και άσπρο, μοντέρνο και καινούριο, όλα αυτά σε ένα καπέλο!

Κώστας: Μα είναι στρογγυλό!

Πωλήτρια: Κι εσείς θέλετε ένα τετράγωνο;

Κώστας: Όχι ακριβώς τετράγωνο, λίγο τρίγωνο, αλλά με μπαταρίες και αιρ κοντίσιον!

Adjektive: auf -ος, -η, -ο

Beispiel: καλός, καλή, καλό

Deklination wie die der entsprechenden Substantive (etwa: ουρανός, φωνή, βουνό). Die Betonung des Nominativ-Singular wird bei der Adjektivdeklination im Gegensatz zur Substantivdeklination immer durch alle Kasus beibehalten (auch wenn das Adjektiv auf der vor- bzw. drittletzten Silbe betont ist: όμορφος, όμορφη, όμορφο z. B. im Genitiv- Singular: του όμορφου γαϊδουριού).

	Singular		
N.	καλός	καλή	καλό
G.	καλού	καλής	καλού
A.	καλό	καλή	καλό
V.	καλέ	καλή	καλό

	Plural		
N.	καλοί	καλές	καλά
G.	καλών	καλών	καλών
A.	καλούς	καλές	καλά
V.	καλοί	καλές	καλά

Einige Adjektive auf -ος haben die Femininform auf -α statt auf -η. Und zwar dann, wenn

1. der Stamm auf einen betonten Vokal auslautet
   Beispiel: ωραί-ος, ωραί-α, ωραί-ο — schön

2. der Stamm auf einen i-Laut auslautet
   Beispiel: πλούσι-ος, πλούσι-α, πλούσι-ο — reich

Zu den Adjektiven mit einer Femininform auf -α gehören als Ausnahmen auch:

σκούρος, σκούρα, σκούρο	dunkel
γκρίζος, γκρίζα, γκρίζο	grau
μοντέρνος, μοντέρνα, μοντέρνο	modern

Die Deklination der Femininform dieser Adjektive geht bei unveränderter Betonung durch alle Kasus wie ώρα oder θάλασσα.

πολύς **viel**

	Singular			Plural		
N.	πολύς	πολλή	πολύ	πολλοί	πολλές	πολλά
G.	[πολλού]	[πολλής]	[πολλού]	πολλών	πολλών	πολλών
A.	πολύ(ν)	πολλή(ν)	πολύ	πολλούς	πολλές	πολλά
V.	[πολύ]	[πολλή]	[πολύ]	[πολλοί]	[πολλές]	[πολλά]

Merken Sie: Schreibweise mit einem λ nur bei nachfolgendem υ.

Steigerung der Adjektive

Komparativ

1. durch die Umschreibung mit πιο — mehr:
   πιο καλός, πιο μεγάλος, πιο όμορφος — besser, größer, hübscher (πιο ist zur Steigerung aller Adjektive möglich)

2. durch die Endung -ότερος, -ότερη, -ότερο:
   λιγότερος — weniger, μικρότερος — kleiner, γρηγορότερος — schneller
   Ausnahmen u. a.: καλύτερος — besser, μεγαλύτερος — größer, περισσότερος (πολύς) — mehr, χειρότερος (κακός) — schlechter.

Beispiel: Ο Γιάννης είναι πιο μεγάλος (μεγαλύτερος) από το Γιώργο.
(... als ... = ... από + Akkusativ).

Superlativ: Komparativ mit bestimmtem Artikel

Beispiele:

ο πιο καλός, ο καλύτερος	der Beste
η πιο καλή, η καλύτερη	die Beste
το πιο καλό, το καλύτερο	das Beste
ο πιο γρήγορος, ο γρηγορότερος	der Schnellste
η πιο γρήγορη, η γρηγορότερη	die Schnellste
το πιο γρήγορο, το γρηγορότερο	das Schnellste

Beispiel: Είσαι η πιο καλή (η καλύτερη) φίλη του κόσμου.

Ausnahmen u. a.: ελάχιστος der Geringste, der Wenigste

Elativ (sehr ..):

1. durch die Umschreibung mit (πάρα) πολύ — sehr:
   (πάρα) πολύ ωραίος

2. durch die Endung -ότατος, -ότατη, -ότατο:
   ωραιότατος, ωραιότατη, ωραιότατο.

Beispiel: το καπέλο είναι (πάρα) πολύ ωραίο – είναι ωραιότατο.

Adverbbildung

Die gewöhnliche Endung für das Adverb ist -α:

καλά, όμορφα, ωραία, γρήγορα

Δεν ακούει καλά — Er hört nicht gut.

Daneben gibt es ein paar Adverbien, die die historische ältere Adverbbildung auf -ως beibehalten haben:

ευτυχώς	zum Glück, »Gott sei Dank«
δυστυχώς	leider
ασφαλώς	»sicher«
ακριβώς	»genau« (dagegen: ακριβά »teuer«)

Die Adverbien von πολύς / πολύ — sehr :	πολύ ωραία καπέλα
und λίγος / λίγο — etwas:	ένα λίγο πιο μικρό καπέλο
πολύ λίγο / »sehr wenig«:	selten

Die Steigerungsformen der Adverbien:

πιο ωραία oder ωραιότερα
(πάρα) πολύ ωραία oder ωραιότατα

λίγο und πολύ behalten die Unregelmäßigkeit in der Adverbbildung auch bei der Steigerung bei:

	λιγότερο	weniger	το λιγότερο	mindestens, am wenigsten
	περισσότερο	mehr	το περισσότερο	meistens, am meisten
auch:	το καλύτερο	am besten		

Einige wichtige Bedeutungen von Adjektiven:

νέος	neu, bei Personen: jung
ψηλός	hoch, bei Personen: groß
μεγάλος	groß, bei Personen: alt, »älter« (οι μεγάλοι die Erwachsenen)
κοντός	kurz, bei Personen: klein
μικρός	klein, bei Personen: jung

Beispiel: Ο Βασίλης είναι νέος, αλλά ψηλός, ο Γιάννης είναι μεγάλος, αλλά κοντός. Η Σοφούλα είναι πολύ μικρή ακόμα.

Merke:

το ελληνικό τυρί	der griechische Käse
ο γερμανικός καφές	der deutsche Kaffee

aber

ο έλληνας ρεπόρτερ	der griechische Reporter
Η γερμανίδα φίλη	die deutsche Freundin

1 Deklinieren Sie schriftlich, auch wenn Sie methodische Bedenken haben, ο καλός καφές, η πλούσια πόλη, το μεγάλο σπίτι im Singular und Plural.

2 Ersetzen Sie im Textstück das Wort το καπέλο durch das Wort η ομπρέλα (der Regenschirm) beziehungsweise ο μπερές (die Baskenmütze), sowie zu beiden Beispielen das Wort ο ήλιος durch η βροχή (der Regen).

3 Ο Κώστας δίνει στη Μαρία το ψάθιν ... καπέλ ... .
Ο Κώστας δίνει στη Μαρία το ψάθιν**ο** καπέλ**ο**.

Το καπέλ ... είναι από σκούρ ... ύφασμα. Ο Γιάννης έχει ωραί ... φων ... . Το μικρ ... μοντέρν ... σπίτ ... είναι άσπρ ... . Ο κύρι ... Κώστας είναι κοντ ..., άσχημ ..., χοντρ ... και βιαστικ ..., αλλά η πωλήτρι ... είναι ψηλ ..., ωραί ..., λεπτ ... και γρήγορ ... . Οι μοντέρν ... άνθρωπ ... πίνουν κρύ ... καφ ... . Ο ήλι ... του χειμώνα δεν είναι ζεστ ... . Η ταβέρν ... του Μανόλη έχει πολλ ..., αλλά όχι καλ ... φαγητ ... . Το γκαρσόν ... φέρνει ένα μικρ ... μεζ ..., δυο γεμάτ ... ποτήρι ... κρασί, μια καλ ... σαλάτ ..., λίγ ... κεφτέδες με πολλ ... ρίγαν ... και ένα μεγάλ ... λογαριασμ ... .

4 Ο Ούβε δεν ακούει ... και βλέπει ... (καλός, λίγος).
Ο Ούβε δεν ακούει **καλά** και βλέπει **λίγο**.

Στην Ελλάδα ο κόσμος δεν τρώει ... .Τρώει ... και ... (πολύς, λίγος, καλός). Η Μαρία δε διαβάζει ... . Γράφει όμως ... ... (γρήγορος, πολύς ωραίος). Στην ταβέρνα του Μανόλη πίνουμε ..., αλλά δεν πληρώνουμε ... (πολύς, ακριβός). Αρχαία Ελληνικά ξέρω ..., αλλά νέα Ελληνικά ξέρω ... (καλός, πιο καλός). Η πωλήτρια φέρνει ... ένα καπέλο, αλλά ... το καπέλο δεν είναι τετράγωνο. (γρήγορος, δυστυχώς). Τι ώρα είναι ...; (ακριβώς). Βλέπω την

Ευτυχία ... ... (πολύς λίγος). Ο φωτογράφος βάζει τη μηχανή ... ... (πολύς ψηλός).

5 Η Μαρία, είναι, κοντός

Η Μαρία είναι κοντ**ή**; **Όχι,** η Μαρία **δεν είναι κοντή, είναι ψηλή.**

Ο μπερές, είναι, άσπρος.

Ο Γιάννης, είναι, μεγάλος.

Τα καπέλα, είναι, φτηνός.

Οι καφέδες, είναι, ζεστός.

Η ομπρέλα, είναι, τετράγωνος.

Η Ευτυχία, διαβάζει, λίγος.

Οι κεφτέδες, είναι, μεγάλος.

6 Setzen Sie schriftlich die passenden Formen des Adjektivs bzw. Adverbs ein:

Η Ευτυχία είναι ..., είναι ... παιδί του κόσμου. (καλός)

Η Ευτυχία είναι **καλή**, είναι **το πιο καλό (το καλύτερο)** παιδί του κόσμου.

Ο Κώστας είναι ..., η Μαρία είναι ... από τον Κώστα, είναι ... από τα παιδιά της Ευτυχίας. (μεγάλος) Το σπίτι είναι ..., αλλά η κουζίνα είναι ... δωμάτιο του σπιτιού. (μικρός) Στο Μόναχο έχει ... ταξί, αλλά στην Αθήνα έχει ... της Ευρώπης. (πολύς) Η Ελλάδα έχει ... κλίμα, έχει ... κλίμα της Μεσογείου. (δροσερός) Η Χρυσούλα είναι ... . Ο Κώστας είναι ... από τη Χρυσούλα, είναι ... στο σχολείο. (ψηλός) Η ομπρέλα είναι ..., αλλά μήπως έχετε μια ακόμα ...; (ωραίος) Η ταβέρνα του Μανόλη έχει ... φαγητά, έχει ... φαγητά που ξέρω. (ακριβός) Ο Γιώργος είναι ... παιδί. Διαβάζει ... από τον Κώστα.

7 Lesen Sie folgenden Reklametext laut:

Το γρηγορότερο και το δροσερότερο αυτοκίνητο της χρονιάς.

8 Silbenrätsel

Die Anfangsbuchstaben der aus den folgenden Silben zusammengesetzten griechischen Entsprechungen der genannten deutschen Wörter ergeben einen griechischen Satz:

α	α	α	α	αν	αχ	βα	βαι	δα	δε	δι	δια
ε	ε	ευ	η	ζω	θα	ι	ι	ιω	κα	κα	κα
κη	λα	λα	λα	λεφ	λι	λι	λου	μα	με	με	να
ναι	νε	νε	νι	νο	νοι	νω	νω	ξη	ξη	ο	ος
ος	ος	πει	ρα	ρα	ρε	ρι	ρο	ση	σπρος	σως	
τα	τα	τα	τυ	τω	υ	φασ	χα	χως			

1. jetzt ....
2. Frühling ....
3. Olive ....
4 Kohl ....
5. Geld ....
6. Sonne ....
7. jung ....
8. Jannina ....
9. (ich) verstehe ....
10. sofort ....
11. zehn ....
12. glücklicherweise ....
13. Wasser ....
14. danach ....
15. los ....
16. ja ....
17. Birne ....
18. Ithaka ....
19. (ich) lese ....
20. Stoff ....
21. heute ....
22. (ich) mache ....
23. Appetit ....
24. Band ....
25. weiß ....

9 Übersetzung

Ich will einen guten Kaffee mit viel Zucker und zur Abrundung des Essens ein gutes Eis. Jorgos hat einen teuren Apparat. Er macht viele schöne Fotografien hübscher Fräuleins (η δεσποινίδα). Wir haben für den Sommer hübsche Strohhüte. Sie sind aber nicht rund und haben keine Klimaanlage. Das Fernsehprogramm ist heute sehr gut. Es gibt griechische Musik, griechische Tänze und klassisches Ballett. Ein deutscher Priester geht ohne Hut, aber ein griechischer Priester hat immer einen großen, hohen schwarzen Hut auf dem Kopf.

10 Spielanleitung

Personen:	Sie, Verkäufer/in
Sie:	haben die Absicht, ein handgewebtes (υφαντός) Kleid (το φόρεμα) im Mykonos-Stil zu kaufen.
Verkäufer/in:	bietet Ihnen viel Fabrikware (του εργοστασίου) an.
Sie:	fragen immer brav nach dem Preis.
Verkäufer/in:	bleibt in diesem Punkt etwas undeutlich, und die Zahlen werden relativ schnell gesprochen. (Ein Vorausblick auf Seite 113 kann nicht schaden).
Sie:	versuchen, ein paar Argumente vorzubringen, die gegen die »hohen« Preise sprechen.
Verkäufer/in:	schmettert diese Argumente freundlich, bestimmt und mit einer gewissen Logik ab.
Sie:	erkennen viele Herkunftsbezeichnungen à la »Made in Hong Kong«.
Verkäufer/in:	verliert langsam das Interesse an Ihnen.
Sie:	greifen nach einem Tavli-Spiel, das Sie zu einem in Ihren Augen günstigen Preis erwerben.

Μαρία με τα κίτρινα

Μαρία με τα κίτρινα

Μαρία με τα κίτρινα
ποιον αγαπάς καλύτερα
τον άντρα σου ή το γείτονα;

Τον άντρα μου τον αγαπώ
το γείτονα καλύτερα!

Να γίνει ο άντρας μάρμαρο
κι ο γείτονας τριαντάφυλλο,
για να πατώ στο μάρμαρο
να κόβω το τριαντάφυλλο!

Maria in Gelb

Maria in Gelb
wen liebst du mehr
deinen Mann oder den Nachbarn?

Meinen Mann liebe ich sehr
den Nachbar noch mehr!

Der Mann soll zu Marmor werden
und der Nachbar zur Rose,
damit ich auf den Marmor steige,
um die Rose zu pflücken.

Μουσική και στίχοι: Β. Δημητρίου

η πωλήτρια	Verkäuferin
καλημέρα	Guten Tag!
η μέρα	Tag
γρήγορος	schnell
είμαι βιαστικός	ich habe es eilig
βιαστικός	eilig
ο χειμώνας	Winter
το καλοκαίρι	Sommer
η άνοιξη	Frühling
το φθινόπωρο	Herbst
ο ήλιος	Sonne
ψάθινος	aus Stroh
δηλαδή	das heißt
το ύφασμα	Stoff
το χρώμα	Farbe
άσπρος	weiß
μαύρος	schwarz
κόκκινος	rot
μπλε	blau
πράσινος	grün
γκρίζος	grau
κίτρινος	gelb
σκούρος	dunkel
η λουρίδα	Band
κακός	schlecht, schlimm
μικρός	klein, auch: jung
μεγάλος	groß, auch: alt, älter
το κεφάλι	Kopf
χοντρός	dick
ζεστός	heiß, warm
αφού	nachdem, weil, wo doch
λεπτός	fein, zart
δροσερός	kühl, erfrischend
ίσως	vielleicht
πάντως	jedenfalls
άλλος, -η, -ο	anderer
γι' αυτό	darum
να!	da!
η κορδέλα	»Kordel«, Band
όμορφος	hübsch
το θαύμα	Wunder
θαύμα!	wunderbar!
υπάρχει	es gibt
υπάρχω	existieren
πόσο	wieviel
πόσο κάνει;	wieviel macht, was kostet ...?
δέκα χιλιάδες	zehntausend
πάρα πολύ	zu sehr, viel
ακριβός	teuer
τζάμπα	umsonst
μοντέρνος	modern
καινούριος	neu
όλος	ganz
στρογγυλός	rund
τετράγωνος	viereckig
ακριβώς	genau (Adverb)
τρίγωνος	dreieckig
η μπαταρία	Batterie
το αιρ κοντίσιον	air condition, Klimaanlage

zu 7B

νέος	jung (bei Personen), auch: neu
οι μεγάλοι	die Erwachsenen

Καινούριες λέξεις

ψηλός	hoch, auch: groß	το δωμάτιο	Zimmer
κοντός	kurz, auch: klein	το Μόναχο	München
δυστυχώς	leider (Adverb)	το ταξί	Taxi
ασφαλώς	sicher (Adverb)	το κλίμα	Klima
πλούσιος	reich	η Μεσόγειος (θάλασσα)	Mittelmeer
καλύτερος	besser	το σχολείο	Schule
μεγαλύτερος	größer, älter	ακόμα	noch
περισσότερος	mehr	η δεσποινίδα Ελένη (auch η δεσποινίς Ε.)	(das) Fräulein Eleni
χειρότερος	schlechter	δεσποινίς Ελένη!	Fräulein Eleni!
zu 7c		πάντα	immer
η ομπρέλα	Schirm	υφαντός	handgewebt
ο μπερές	Baskenmütze	το φόρεμα	Kleid
η βροχή	Regen	μυκονιάτικος	im Stil von Mykonos
άσχημος	häßlich	του εργοστασίου	aus der Fabrik
κρύος	kalt	το εργοστάσιο	Fabrik
γεμάτος	voll	το τάβλι	Tavlispiel
φτηνός	billig		
το αυτοκίνητο	Auto		
η χρονιά	Jahr (im Ablauf)		

Το ωραίο ψάθινο καπέλο

Η ψηλή κυρία με το ωραίο ψάθινο καπέλο και τη μεγάλη κόκκινη τσάντα φωνάζει στο δρόμο ένα ταξί. Το ταξί δεν προσέχει την κυρία και φεύγει. Αρχίζει η βροχή. Ο αέρας σφυρίζει και παίρνει το ωραίο ψάθινο καπέλο. Τώρα φτάνει πάνω στη στέγη του απέναντι σπιτιού. Στο μπαλκόνι είναι ένας χοντρός κύριος. Διαβάζει εφημερίδα. Στο μπαλκόνι έχει και ένα τραπεζάκι, πάνω στο τραπεζάκι έχει μια γλάστρα με βασιλικό, ένα τάβλι κι ένα φλιτζάνι του καφέ. Ο κύριος βλέπει τη σκηνή με το καπέλο. Τρέχει κάτω, φέρνει μια σκάλα, ανεβαίνει στη στέγη, αλλά δεν πιάνει το καπέλο. Κατεβαίνει από τη σκάλα, μπαίνει στο σπίτι, ψάχνει μιαν ομπρέλα, δε βρίσκει τίποτα. Κάνει ζεστό τσάι, παίρνει ένα αδιάβροχο, βγαίνει έξω, ψάχνει δεξιά, αριστερά, βλέπει την κυρία μέσα σ' ένα αυτοκίνητο. Τρέχει, φωνάζει, δείχνει το αδιάβροχο. Η κυρία δεν ακούει και δε βλέπει. Το αυτοκίνητο φεύγει. Ο χοντρός κύριος γυρίζει στο σπίτι. Πίνει μόνος το τσάι και βγαίνει ξανά στο μπαλκόνι. Εκεί βλέπει στη γωνιά την ομπρέλα και στο τραπεζάκι, πάνω απ' το τάβλι, το ωραίο ψάθινο καπέλο.

1 Übersetzen Sie die kleine Geschichte

2 Erzählen Sie die kleine Geschichte nach

3 Εδώ είναι ... γάτα.

Εδώ είναι **μια** γάτα.

Ο Γιώργος βλέπει ... σκύλο κάτω από ... σκαμνί. Ο Κώστας και η Αγγελική παίρνουν ... γράμμα από ... φίλο. Τρως ... αχλάδι για συμπλήρωμα; Η Μαρία λέει ... τραγούδι και χορεύει ... συρτάκι, αλλά δεν πίνει ούτε ... ρετσίνα. Ο γείτονας είναι ... καλός άνθρωπος. Σ' αυτό το καφενείο βρίσκεις πάντα ... καλό καφέ και ... καλή εφημερίδα. Αν έχεις ... φίλο δεν είσαι ποτέ μόνος. Διαβάζεις τώρα ... βιβλίο ή ... Μίκυ-μάους;

4 Bilden Sie Sätze mit den angegebenen Wörtern:

Βγάζω / μηχανή / φωτογραφία. Χρυσούλα / δε θέλω / χτένα / αλλά / φωτογραφία. Μπαμπάς / πλένω / πιάτα / κουζίνα. Παπάς / δεν είμαι / εκκλησία / αλλά / σπίτι. Ούβε / δεν είμαι / Ρωμιός / αλλά / Γερμανός. Δε μαθαίνω / ελληνικά / γιατί / ξέρω. Γιάννης / δεν πληρώνω / λογαριασμός. Ταβέρνα / έχω / καλός μεζές. Εμείς / πίνω / ο καφές / χωρίς / γάλα / αλλά / με ζάχαρη.

5 Ο Κώστ... δε βλέπ... τη γάτ....

Ο Κώστ**ας** δε βλέπ**ει** τη γάτ**α**.

Τι γράφ ... η Μαρί ...; Ο φωτογράφ ... βγάζ ... μια φωτογραφί ... . Ο Γιώργος και η Ελέν ... δεν έχ ... χτέν ... . Έχ ... μια μπάλ ..., Κώστα; Τι κάν ... με τη μηχαν ..., κύριε Γιώργο; Η Χρυσούλ ... πά ... με το τρέν ... στην Ελλάδ ... . Ο Δημήτρ ...

δεν ακού ... χωρίς ακουστικ ... . Γκαρσόν, έχ ... για γλυκ ... ένα μπακλαβ ...; Ο καφ ... είναι του καταστή ..., ο λογαριασμ ... είναι της κυρί ..., το νερ ... είν ... της βρύσ ... και είν ... για τον κύρι ... .Το ωραί ... ψάθιν ... καπέλ ... είν ... στο τραπεζάκ ... πάνω από το τάβλ ... .

6 Η χτένα είναι για ... ομορφιά.
Η χτένα είναι για **την** ομορφιά.

Διαβάζει για ... πανεπιστήμιο. Θέλω ... φωτογραφία για ... μαμά. Ο Βαγγέλης πλένει ... πιάτα. Ο μεζές είναι ... κυρίου. Ορίστε ... πατάτες ... φούρνου. Το καπέλο είναι για ... ήλιο. Δε βλέπω ... τρένο, αλλά ακούω ... μεγάφωνο. Στο γιαλό δεν είναι ... βάρκα. » ... άντρα μου ... αγαπώ, ... γείτονα καλύτερα«. ... πιο ωραίο καπέλο που υπάρχει είναι στρογγυλό. Πρώτα τρώμε ... μεζέδες, ύστερα τρώμε ... σαλάτες και ... φαγητά. ... μπερέδες ... δυο κυρίων είναι μπλε, αλλά ... ομπρέλες ... δυο κυριών είναι κόκκινες. ... χειμώνας ... Ελλάδας δεν είναι τόσο κρύος όσο ... χειμώνας ... Γερμανίας. ... λεμονάδες και ... παγωτά είναι ... παιδιών. Το καπέλο φτάνει στη στέγη ... σπιτιού.

7 Setzen Sie ein im richtigen Kasus:

Το παιδί φέρνει το γράμμα ... (το γκαρσόνι). Το γκαρσόνι πάει τους μεζέδες ... (οι κύριοι). Ο Κώστας γράφει γράμμα ..., αλλά η Μαρία δε γράφει γράμμα ... (η Μαρία, ο Κώστας). Η δεσποινίς δεν πληρώνει το λογαριασμό ... (το γκαρσόνι). Ο Ούβε δεν ακούει ... (ο Δημήτρης). Στην ταβέρνα ... (η κυρία Πηνελόπη) έχει ... (ρετσίνα, μεζές, ούζο, κονιάκ, μπίρα, αλλά όχι νερό της βρύσης). Η αγγουροντοματοσαλάτα είναι από ... (αγγούρι, ντομάτα, λάδι, ξίδι, αλάτι, ρήγανη). Στο μπαλκόνι έχει ... και ένα φλιτζάνι ....(ένα τραπεζάκι, ο καφές).

8 Übersetzung

Er bringt das Brot von dem Geschäft. Ich lese aus dem Buch. Ab heute ißt er nur Kartoffeln und trinkt für zwei. Ich fahre mit dem Zug. Er ißt weder Fisch noch Gebratenes. Weder das Radio noch das Telefon hören Sie? Im Haus gibt es Bücher, Tische, Lampen und ein Telefon. Auf dem Bahnhof gibt es nur ein Kaffeehaus. Trinken Sie keinen Schnaps und auch keinen Retsina? Wohin fahrt ihr? Nach Athen? Nein, nach Kavala. Der Hut ist sehr klein. Hier gibt es viele Getränke, aber Georg trinkt nur Wasser. Die Rechnung, bitte!

Καινούριες λέξεις

η τσάντα	Handtasche
το ταξί	Taxi
προσέχω	bemerken, aufpassen
ο αέρας	Wind
σφυρίζω	wehen, pfeifen
φτάνω	reichen, erreichen, ankommen
η στέγη	Dach
απέναντι	gegenüber, gegenüberliegend
το μπαλκόνι	Balkon
το τραπεζάκι	Tischchen
η γλάστρα	Blumentopf
ο βασιλικός	Basilikum
το φλιτζάνι	Tasse
η σκηνή	Szene
πιάνω	greifen, fangen, anfassen
ψάχνω	suchen
το τσάι	Tee
το αδιάβροχο	Regenmantel
έξω	hinaus, raus
δεξιά	rechts
αριστερά	links
μέσα	in, drinnen
δείχνω	zeigen
γυρίζω	zurückgehen
η γωνιά	Ecke

Στο μανάβη

Σήμερα ψωνίζει ο Γιώργος (Γ.). Πηγαίνει στο μανάβικο και λέει στο μανάβη (Μ):

Γ.: Καλημέρα σας. Μου δίνετε, παρακαλώ, δυο κιλά πορτοκάλια από τούτα εδώ, ένα κιλό μήλα, μισό κιλό από αυτά τα μαρούλια και ένα σκόρδο!

Μ.: Τι μήλα θέλετε; Απ᾽ αυτά ή απ᾽ εκείνα;

Γ.: Τι διαφορά έχουν;

Μ.: Αυτά είναι γλυκά, τα άλλα κάπως ξινά.

Γ.: Θέλω από τα ξινά, τέτοια μήλα μου αρέσουν.

Μ.: Ευχαρίστως, κύριε Γιώργο.

Ο μανάβης παίρνει τα μήλα ένα ένα και τα βάζει σε μια χαρτοσακούλα. Ζυγίζει και τα πορτοκάλια. Τη σαλάτα την τυλίγει σε μια εφημερίδα και τα βάζει όλα μαζί σε μια νάιλον σακούλα. Του την δίνει.

Γ.: Πόσο κάνει;

Μ.: Δυο χιλιάδες ακριβώς.

Γ.: Τόσο ακριβά;

Μ.: Τι μου λέτε, κύριε Γιώργο, δε σας φτάνει που σας χαρίζω αυτό το σκόρδο, γιατί είστε τόσο καλός πελάτης;

Γ.: Α έτσι; Μου χαρίζετε το σκόρδο; Πάλι καλά, ευχαριστώ πολύ.

Μ.: Κύριε Γιώργο, μήπως θέλετε και τίποτε άλλο; Έχω ωραία σταφύλια σήμερα. Δε σας αρέσουν τα σταφύλια;

Γ.: Μου αρέσουν βέβαια, αλλά κάποιοι λένε πως τα σταφύλια που έχετε, είναι συνήθως σάπια.

Μ.: Αυτά τα σταφύλια είναι τα καλύτερα που υπάρχουν. Αρέσουν σε όλον τον κόσμο. Ποιος λέει τέτοια ψέματα;

Γ.: Η Μιμίκα το λέει.

Μ.: Και εσείς τι της λέτε; Την ακούτε και την πιστεύετε;

Γ.: Βεβαίως. Φίλοι δεν είμαστε;

Μ.: Φίλοι φίλοι, αλλά και εγώ μανάβης. Σας τα δείχνω τα σταφύλια και εσείς τα βλέπετε ο ίδιος και τα διαλέγετε.

Γ.: Μα δεν τα θέλω, αφού είναι σάπια!

Μ.: Ορίστε μας! Βλέπετε; Βλέπετε, κύριε Γιώργο, τι μας κάνουν οι γυναίκες; Αυτή η κυρία Μιμίκα είναι πάρα πολύ ιδιότροπη. Μήπως θέλετε ντομάτες; Τέτοιες ντομάτες δεν έχω κάθε μέρα.

Γ.: Όχι όχι, ούτε οι ντομάτες αρέσουν στη Μιμίκα ούτε τα παντζάρια, ούτε τα αγγούρια, ούτε τα λάχανα, ούτε τα καρότα, ούτε...

Μ.: ...οι μελιτζάνες ούτε τα φασολάκια, ξέρω, ξέρω. Αλλά σίγουρα της αρέσουν οι πιπεριές. Έχω εδώ μια καυτερή. Σας την χαρίζω μαζί με τη συνταγή: κάθε πρωί ένα κομματάκι και »η στρίγγλα έγινε αρνάκι«.

Γλωσσοδέτης Zungenbrecher

Μια πάπια, μα ποια πάπια.

Ο γερός γέρος γράφει γρήγορα ένα γράμμα.

Έχεις συχνά συνάχι; Ναι, έχω συνεχώς συνάχι.

Personalpronomina I

Die schwach betonten Formen der Personalpronomina

A) als Objekt

I. Dativobjekt

Singular			
1. Person	Ο Γιώργος	μου	λέει αντίο Jorgos sagt mir auf Wiedersehn.
2. Person	Ο Αντρέας	σου	δίνει το ποτήρι. Andreas gibt dir das Glas.
3. Person	Τώρα	του	δίνεις τα τσιγάρα; Gibst du ihm jetzt die Zigaretten?
	Η Ευτυχία	της	χαρίζει ένα μήλο. Eftychia schenkt ihr einen Apfel.
	Η μητέρα φωνάζει το παιδί και	του	δείχνει την κούκλα. Die Mutter ruft das Kind und zeigt ihm die Puppe.

Plural			
1. Person	Το γκαρσόνι	μας	φέρνει τους καφέδες. Der Kellner bringt uns den Kaffee.
2. Person	Ο μανάβης	σας	δίνει τη σακούλα. Der Gemüsehändler gibt ihnen die Tüte.
3. Person	Ο δάσκαλος φωνάζει τους μαθητές και	τους	κάνει μάθημα. Der Lehrer ruft die Schüler und erteilt ihnen Unterricht.
	Ο δάσκαλος φωνάζει τις μαθήτριες και	τους	κάνει μάθημα. Der Lehrer ruft die Schülerinnen und erteilt ihnen Unterricht.
	Ο δάσκαλος φωνάζει τα παιδιά και	τους	κάνει μάθημα. Der Lehrer ruft die Kinder und erteilt ihnen Unterricht.

II. Akkusativobjekt

Singular			
1. Person	Η Μιμίκα	με	βλέπει και μου λέει καλημέρα. Mimika sieht mich und sagt mir guten Tag.
2. Person	Βεβαίως	σε	βλέπω, αλλά δε σε ακούω. Natürlich sehe ich dich, aber ich höre dich nicht.
3. Person	Τον πατέρα	τον	βλέπω και τον φωνάζω. Ich sehe den Vater und rufe ihn.
	Η μητέρα	την	φωνάζει αμέσως. Die Mutter ruft sie sofort.
	Παραγγέλνει το τζατζίκι και	το	τρώει ευχαρίστως. Er bestellt das Tzatziki und ißt es mit Vergnügen.

Plural			
1. Person	Ο Γιώργος	μας	φωνάζει. Τι θέλει; Jorgos ruft uns. Was will er?
2. Person	Ευτυχώς	σας	βλέπω κάθε μέρα. Zum Glück sehe ich Sie (euch) jeden Tag.
3. Person	Το γκαρσόνι φέρνει τους καφέδες και	τους	βάζει στη μέση του τραπεζιού. Der Kellner bringt den Kaffee und stellt ihn mitten auf den Tisch.
	Αγοράζει εφημερίδες και	τις	φέρνει στο σπίτι. Er kauft Zeitungen und bringt sie nach Hause.
	Παίρνει τα σταφύλια και	τα	βάζει σε μια χαρτοσακούλα. Er nimmt die Trauben und tut sie in eine (Papier)tüte.

Wortstellung: das Personalpronomen steht **vor** dem Verb.

μου δίνει τη σακούλα.
σε βλέπω

Bei der Aufeinanderfolge von Personalpronomina steht das Akkusativobjekt **unmittelbar vor** dem Verb:

μου φέρνει το ποτήρι και **μου το** δίνει.
το γκαρσόνι της φέρνει το λογαριασμό και **της τον** δίνει.
αγοράζει τις εφημερίδες για τη Μαρία και **της τις** δίνει.
τους φωνάζει και **τους τα** λέει.

In verneinten Sätzen: δε(ν) + Pers. Pron. + Verb
δε μου φέρνει το ποτήρι και **δε μου το** δίνει.

B) als Subjekt

Die Person als Subjekt wird durch die konjugierte Personalendung des Verbs ausreichend bezeichnet:

καταλαβαίνω — **ich** verstehe

Die schwach betonten Formen des Nominativs der 3. Person kommen nur vereinzelt in festen Wendungen vor:

πούντος, πούντη, πούντο;	Wo ist er, sie, es?
(πούντος < **πού** είναι αυ**τός**)	
πούντοι, πούντες, πούντα;	Wo sind sie?
νάτος, νάτη, νάτο!	Da ist er, sie, es!
νάτοι, νάτες, νάτα!	Da sind sie!

Με λένε Κωστή και πίνω κρασί!
Ich heiße Kostis und trinke Wein!

Wie heißt....?

Πώς **σε** λένε;	Wie heißt du?
Με λένε Ευτέρπη.	Ich heiße Efterpi.
Πώς **το** λένε αυτό;	Wie heißt das?
Αυτό **το** λένε τασάκι.	Das heißt Aschenbecher!
Πώς **την** λένε;	Wie heißt sie?
Την λένε Μαρία.	Sie heißt Maria.
Πώς **τα** λένε στα ελληνικά;	Wie heißen die auf griechisch?
Τα λένε γαϊδούρια.	Die heißen »Esel«.

Demonstrativpronomina

αυτός, αυτή, αυτό	dieser, diese, dieses; der hier...
τούτος, τούτη, τούτο	der da, die da, das da (seltener)
εκείνος, εκείνη, εκείνο	der dort, die dort, das dort — »jener, jene, jenes«.

Gebrauch

1. mit bestimmtem Artikel in prädikativer Stellung:

αυτός ο άνθρωπος	bzw.	ο άνθρωπος αυτός
τούτη η ταβέρνα	bzw.	η ταβέρνα τούτη
εκείνο το τραπέζι	bzw.	το τραπέζι εκείνο

2. ohne Artikel, wenn das Pronomen selbständig steht:
   Τι βιβλίο διαβάζεις; Αυτό ή εκείνο;
   Αυτό το βιβλίο είναι καλό. Εκείνο δεν είναι καλό.

Andere Pronomina

1. **ποιος, ποια, ποιο;** wer? welcher, welche, welches?
(wessen?: ποιανού, ποιανής, ποιανού, gewöhnlicher aber τίνος)
Sonst Deklination wie die Adjektive auf -ος, -α, -ο

ποιος δεν πηγαίνει στο θέατρο;
ποιος κύριος είναι αυτός; ποιοι κύριοι είναι αυτοί;
ποια γλώσσα ξέρεις; ποιες γλώσσες ξέρεις;
ποιο γράμμα γράφεις; ποια γράμματα γράφεις;

2. **πόσος, πόση, πόσο;** wie viel?
Πόσο κάνει αυτό; Πόσο κάνει η εφημερίδα;
Πόσο κάνουν τα τσιγάρα και τα σπίρτα;

Achtung: »Was kostet/kosten ...« immer πόσο...!

πόσα βιβλία διαβάζεις;
πόσες φωτογραφίες έχεις;
πόσος κόσμος! Wie viele Leute! Τι κόσμος! Was für viele — welche Leute!

3. **τόσος, τόση, τόσο** so viel

τόσος κόσμος	so viele Leute
τόσα παιδιά	so viele Kinder
τόσο πολύ	so viel, so sehr

4. **όλος, όλη, όλο** ganz, im Plural: alle

όλο το πανεπιστήμιο	die ganze Universität
όλα τα πανεπιστήμια	alle Universitäten

(Gebrauch des bestimmten Artikels wie bei αυτός)

5. **άλλος, άλλη, άλλο** — anderer, andere, anderes

η άλλη γυναίκα είναι πιο καλή	Die andere Frau ist besser.
όλοι οι άλλοι είναι εδώ	Alle anderen sind da.
άλλος για την Κρήτη;	Noch jemand nach Kreta?
τι άλλο θέλετε;	Was wünschen Sie noch?

6. **ο ίδιος, η ίδια, το ίδιο** — derselbe, dieselbe, dasselbe, selbst

λέει πάντα τα ίδια	Er sagt immer das gleiche.

(Στο τηλέφωνο) Α. Εμπρός!
Β. Τον κύριο Σταυρίδη, παρακαλώ!
Α. Ο ίδιος. Selbst (am Apparat)!

7. **τέτοιος, τέτοια, τέτοιο** — solcher, solche, solches

τέτοιο κρασί δεν το βρίσκεις στη Γερμανία
So einen Wein findet man nicht in Deutschland.

Grammatik

Die Zahlen von 10 bis 100

10	δέκα	30	τριάντα
11	έντεκα	40	σαράντα
12	δώδεκα	50	πενήντα
13	δεκατρία	60	εξήντα
14	δεκατέσσερα	70	εβδομήντα
15	δεκαπέντε	80	ογδόντα
16	δεκαέξι	90	ενενήντα
17	δεκαεφτά	100	εκατό
18	δεκαοχτώ		
19	δεκαεννέα		
20	είκοσι		
21	είκοσι ένα		

Dekliniert werden jeweils die Einer, Dreier und Vierer: είκοσι μία μέρες, δεκατρείς δραχμές, είκοσι τέσσερις ώρες.

Die Zahlen von 200 bis 1000

200	διακόσιοι, -ες, -α
300	τριακόσιοι, -ες, -α
400	τετρακόσιοι, -ες, -α
500	πεντακόσιοι, -ες, -α
600	εξακόσιοι, -ες, -α
700	εφτακόσιοι, -ες, -α
800	οχτακόσιοι, -ες, -α
900	εννιακόσιοι, -ες,-α
1000	χίλιοι, -ες, -α

νομίσματα **Münzen**

τα ψιλά Kleingeld

μια δραχμή = »φράγκο«

δυο δραχμές = »δίφραγκο«

πέντε δραχμές = »τάληρο«

δέκα δραχμές = »δεκάρικο«

είκοσι δραχμές = »εικοσάρικο«

πενήντα δραχμές = »πενηντάρικο«

χαρτονομίσματα **Geldscheine**

εκατό δραχμές = »κατοστάρικο«

πεντακόσιες δραχμές = »πεντακοσάρικο«

χίλιες δραχμές = »χιλιάρικο«

πέντε χιλιάδες δραχμές = »πεντοχίλιαρο«

1 Ποιος ψωνίζει σήμερα;

Τι έχει ένα μανάβικο;

Τι μήλα έχει ο μανάβης;

Γιατί;

Ζυγίζει και τη σαλάτα;

Πόσο κάνουν όλα μαζί;

Τι άλλο δείχνει ο μανάβης στο Γιώργο;

Παίρνει ο Γιώργος σταφύλια;

Παίρνει ο Γιώργος ντομάτες;

Τα παντζάρια, τα αγγούρια, τα λάχανα αρέσουν στη Μιμίκα;

Γιατί;

Πού ψωνίζει ο Γιώργος;

Τι θέλει ο Γιώργος;

Τι μήλα παίρνει ο Γιώργος;

Τι ζυγίζει ο μανάβης;

Πού βάζει τα πορτοκάλια, τα μήλα, και τη σαλάτα;

Είναι φτηνά ή ακριβά;

Είναι καλά τα σταφύλια του μανάβη;

Γιατί;

Γιατί;

Τι χαρίζει ο μανάβης στο Γιώργο;

2 Welche Aussagen sind auf Grund des Textes richtig und welche falsch?

	falsch λάθος	richtig σωστό
Ο μανάβης παίρνει τα πορτοκάλια ένα ένα και τα βάζει σε μια χαρτοσακούλα.	❏	❏
Ζυγίζει και τη σαλάτα.	❏	❏
Χαρίζει στο Γιώργο ένα σκόρδο.	❏	❏
Οι ντομάτες αρέσουν στη Μιμίκα.	❏	❏
Η Μιμίκα είναι καλή πελάτισσα.	❏	❏
Ο Γιώργος και η Μιμίκα είναι καλοί φίλοι.	❏	❏
Ο μανάβης χαρίζει στο Γιώργο τα καρότα και τις μελιτζάνες.	❏	❏
Ο Γιώργος ψωνίζει αγγούρια, λάχανα και καρότα.	❏	❏
Τα σταφύλια του μανάβη είναι τα καλύτερα που υπάρχουν.	❏	❏
Τα παντζάρια και τα αγγούρια τα βάζει ο μανάβης σε μια νάυλον σακούλα.	❏	❏
Τα μήλα, τα πορτοκάλια και η σαλάτα κάνουν όλα μαζί ένα χιλιάρικο.	❏	❏

3 βλέπει **(mich)**

με βλέπει

Δε βλέπω (ihn). Ο Γιώργος φωνάζει (uns). Διαλέγει ο ίδιος (sie). Τυλίγει σε μια εφημερίδα (es). Πώς λένε (dich); Λένε Γιώργο (mich). Η Μιμίκα λέει (es). Ποιος φωνάζει (dich); Ο μανάβης ζυγίζει (sie).

4 δίνει το σκόρδο **(dir)**.

σου δίνει το σκόρδο.

Αρέσουν τα σταφύλια (uns). Ο μανάβης χαρίζει ένα μαρούλι (mir). Δίνουν την εφημερίδα (euch). Η φωτογραφία αρέσει πολύ (ihm). Δείχνει το σπίτι (ihnen). Ο ίδιος κάνει μάθημα (ihr). Ποιος δίνει από ένα τσιγάρο (uns); Ποιος φέρνει τους καφέδες (ihnen); Αυτό δεν αρέσει καθόλου (mir).

5 Δεν ... αρέσουν οι ντομάτες; **(ihr)**.

Δεν **της** αρέσουν οι ντομάτες;

Βλέπετε τι ... κάνουν οι γυναίκες; (uns). Τι ... λέτε; ... ακούτε και ... πιστεύετε; (ihr, sie) Δε ... βλέπω καλά (dich). ... λες ψέματα (mir). Ποιος ... ... λέει αυτά; (euch, sie) Τη σαλάτα ... τυλίγει σε μια εφημερίδα, ζυγίζει τα πορτοκάλια και ... βάζει όλα μαζί σε μια νάυλον σακούλα (sie, sie) Δε ... φτάνει που ... χαρίζω αυτή την πιπεριά; (Ihnen) ... ... δείχνω τα σταφύλια και ... βλέπετε ο ίδιος και ... διαλέγετε. (Ihnen, sie). Ο μανάβης ... δείχνει τα μήλα και ... ... δίνει (ihm, sie) Ο μανάβης ... δείχνει τη σαλάτα και ... ... τυλίγει (ihm, ihn). Δε ... χαρίζει τίποτε. (mir)

6 Χαρίζουμε την εφημερίδα στον πατέρα και ο πατέρας ... χαρίζει μια μπάλα.

... ... χαρίζουμε και ο πατέρας ... ... χαρίζει.

Χαρίζουμε την εφημερίδα στον πατέρα και ο πατέρας **μας** χαρίζει μια μπάλα.

Του την χαρίζουμε και ο πατέρας **μας την** χαρίζει.

α) Ο μανάβης δίνει πορτοκάλια στο Γιώργο και ο Γιώργος ... δίνει 500 δραχμές.

Ο μανάβης ... ... δίνει και ο Γιώργος ... ... δίνει.

β) Η Ευτυχία και η Ελένη δείχνουν τα καινούρια βιβλία στη γιαγιά και η γιαγιά ... δείχνει τις παλιές φωτογραφίες.
Η Ευτυχία και η Ελένη ... ... δείχνουν και η γιαγιά ... ... δείχνει.

γ) Ο Γιάννης και ο Πέτρος βλέπουν το παιδί και το παιδί ... βλέπει.
Ο Γιάννης και ο Πέτρος ... βλέπουν και το παιδί ... βλέπει.

7 **ποιος** oder **πόσος** ?

... φωνάζει; ... κιλά σταφύλια θέλετε; ... κάνουν όλα μαζί; ... είσαι εσύ; Και ... είναι αυτή; ... γλώσσες ξέρεις και ... ; ... ντομάτες είναι σάπιες; Αυτές ή εκείνες; ... ντομάτες τρως! ... κάνουν ένα ψητό και μια ρετσίνα; ... ποτήρια πίνει; Το Γιώργο ή ... άλλον βλέπεις;

8 **άλλος** oder **όλος** ?

Ποιος ... θέλει ντομάτες; Το γκαρσόνι φέρνει ... τους καφέδες, αλλά όχι ... τα γλυκά. Τα ... τα φέρνει έπειτα. ... ο κόσμος παραγγέλνει μεζέδες. ... πίνουν ρετσίνα. Αλλά οι ... πίνουν ούζο. Τι ... θέλετε; Τίποτε ... . αυτά τα μήλα είναι σάπια, αλλά τα ... μήλα είναι εντάξει. ... τσιγάρα δε μου αρέσουν, μόνο αυτά.

9 Übersetzung

Wie heißen Sie? Ich heiße Peter. Wie heißt du? Ich heiße Vangelis. Wie heißt er? Er heißt Georg. Wie heißen die beiden Kinder? Sie heißen Maria und Kostas. Wie heißt das auf griechisch? Genauso (= dasselbe) wie (όπως) auf deutsch: Bravo.

10 Sprechen und schreiben Sie:

10, 80, 85, 13, 20, 42, 100, 74, 12, 31, 50, 95, 63 δραχμές· 12, 24, 4, 3, 11, 20 ώρες· 13, 40, 15, 100, 10, 14 μέρες· 2, 4, 6 νύχτες· 3, 4, 5, 8, 52 βδομάδες· 4, 14, 80, 73 χρόνια· 3, 12, 4, 6, 9 μήνες.

11 Lesen und lösen Sie:

Πόσο κάνουν 500 δραχμές, δηλαδή 1 πεντακοσάρικο ή πέντε κατοστάρικα **και** 200 δραχμές, δηλαδή 2 κατοστάρικα **και** 50 δραχμές δηλαδή 1 πενηντάρικο **και** 20 δραχμές, δηλαδή 1 εικοσάρικο ή 2 δεκάρικα **και** 5 δραχμές, δηλαδή 1 τάληρο **και** 4 δραχμές, δηλαδή 2 δίφραγκα **και** άλλα 2 δεκάρικα **και** μια δραχμή;

λύση: οχτακόσιες δραχμές, δηλαδή ...

12 Bereiten Sie zu: **Τζατζίκι**

Συνταγή (για 6 άτομα)

Υλικά

- ❐ 200 γραμμάρια γιαούρτι
- ❐ 100 γραμμάρια μυζήθρα
- ❐ 50 γραμμάρια ξινή κρέμα

} ή — 350 γραμμάρια γιαούρτι πρόβειο

- ❐ 5 σκελίδες σκόρδο
- ❐ 1 ματσάκι άνηθο
- ❐ 1 αγγουράκι φρέσκο
- ❐ αλάτι, λίγο πιπέρι, λίγο ξίδι, 3 κουταλιές της σούπας λάδι.

Εκτέλεση: Καθαρίζετε και κοπανίζετε το σκόρδο. Ανακατώνετε το γιαούρτι (ή το γιαούρτι, τη μυζήθρα και την κρέμα) με το σκόρδο. Προσθέτετε αλάτι, πιπέρι, το ξίδι και το λάδι. Ανακατώνετε καλά.

Καθαρίζετε το αγγουράκι και το κόβετε σε κύβους. Κόβετε και τον άνηθο ψιλό ψιλό. Ρίχνετε τα αγγουράκια και τον άνηθο στη μάζα του γιαουρτιού. Ανακατώνετε ελαφρά. Ο νόστιμος μεζές είναι έτοιμος. Τον τρώτε με ψωμί. Για ποτό ταιριάζει πολύ το ούζο.

13 Übersetzung: Στο φούρνο — Beim Bäcker

Kostas: Guten Tag.

Bäcker: Guten Tag, was wünschen Sie?

K.: Geben Sie mir bitte ein großes und ein kleines Brot?

B.: Das oder das?

K.: Dies hier, das dort ist zu groß.

B.: Da ist das große, jetzt noch das andere.

K.: Ja, das dort ist schön.

B.: Wollen Sie noch ein Brot?

K.: Nein, aber ein halbes Kilo Zwieback (τα παξιμάδια).

B.: Von denen oder den anderen?

K.: Was ist der Unterschied?

B.: Die sind von heute, die dort sind von der letzten Woche (η περασμένη βδομάδα).

K.: Altbacken (μπαγιάτικος)?

B.: Das ist egal. Zwieback ist Zwieback. Und Zwieback ist kein frisches Brot.

K.: Ich will ein halbes Kilo von den alten, ich habe gute Zähne (το δόντι) und ich mag solchen Zwieback.

B.: Bitte sehr, ein halbes Kilo. Sonst noch was?

K.: Nein danke. Was macht das alles zusammen?

B.: Vierhundertachzig Drachmen.

K.: Bittesehr, ein Fünfhunderter. Aber dieser Zettel (το χαρτί) in der Tüte mit dem Zwieback, was ist das?

B.: Die Adresse (η διεύθυνση) für einen guten Zahnarzt (ο οδοντογιατρός)!

14 Spielanleitung

Personen:	Sie, ein Wanderverkäufer mit Schuhen, Kellner.
Verkäufer:	preist seine Schuhe (τα παπούτσια) an.
Sie:	reagieren nicht.
Verk:	ist das gewöhnt. Er hat Sie als Opfer ausersehen.
Sie:	reagieren ein bißchen, etwa dadurch, daß Sie die Augenbrauen nach oben werfen und mit der Zunge schnalzen (όχι!).
Verk:	ist klüger und weiß, daß Sie im Grunde nicht abgeneigt sind.
Sie:	kommen diesem Gefühl auch schon ganz nah und lassen sich auf Sandalen (τα πέδιλα) ein. Sie nennen Ihre Schuhnummer.
Verk.:	muß hier leider passen, aber was ist schon eine winzige Nummer Unterschied bei solchen Prachtexemplaren von Sandalen. Die größere Nummer ist ja da.
Sie:	werden durch Ihre oppositionelle Grundeinstellung dazu verführt, die kleinere Nummer zu wählen.
Verk:	Der Rest geht sehr schnell über die Bühne, da der Verkäufer nur noch Interesse daran hat, von möglichst vielen weiteren Käufern in der Umgebung gesehen zu werden.
Kellner:	wünscht Ihnen »alles Gute« (με γεια) und »Herzlichen Glückwunsch« (συγχαρητήρια), ohne zu versäumen, auf die zu kleine Größe und andere ganz offenkundige Mängel gebührend hinzuweisen.
Sie:	bleiben gelassen (δεν πειράζει), bestellen noch einen Uso und zwängen sich in die neuen Sandalen.
Kellner:	ist ganz Ihrer Meinung.

— Πήρα το ένα. Είχαν 5000 δρχ. το ζευγάρι!

Ο καημός

Εί- ναι με- γά- – – – – – – – λος ο για- λός,
εί- ναι μα- κρύ – – – – – – – – το κύ- - μα,
εί- ναι με- γά- – – – – – – – – λος ο καη- μός
εί- ναι πι- κρό – – – – – – – – – το κρί- μα.
Πο- τά- μι μέ- σα μου πι- κρό
το αί- μα της πλη- γής σου
κι α- πό το αί- μα πιο πι- κρό
στο στόμα το φι- λί σου.

Ο καημός

Είναι μεγάλος ο γιαλός,
είναι μακρύ το κύμα,
είναι μεγάλος ο καημός
είναι πικρό το κρίμα.

Ποτάμι μέσα μου πικρό
το αίμα της πληγής σου
κι από το αίμα πιο πικρό
στο στόμα το φιλί σου.

Δεν ξέρεις τι είναι παγωνιά,
βραδιά χωρίς φεγγάρι,
να μη γνωρίζεις ποια στιγμή
ο πόνος θα σε πάρει.

(Liebes)Kummer

Lang ist der Strand
weit die Welle,
groß der Kummer,
bitter die Schmach.

Bitterer Fluß in mir
ist das Blut deiner Wunde
und noch bitterer als das Blut
ist auf den Mund dein Kuß.

Du weißt nicht, was Kälte ist,
ein Abend ohne Mond,
wenn du nicht mehr weißt
in welchem Augenblick
der Schmerz dich ergreift.

Μουσική: Μίκης Θεοδωράκης
Στίχοι: Δ. Χριστοδούλου

Καινούριες λέξεις

ο μανάβης	Gemüsehändler
στο μανάβη	im Obst- und Gemüseladen
ψωνίζω	einkaufen
το μανάβικο	Obst- und Gemüseladen
καλημέρα σας	guten Tag
το κιλό	Kilo
το πορτοκάλι	Apfelsine
το μήλο	Apfel
μισός	halb
το μαρούλι	»Kopfsalat«
το σκόρδο	Knoblauch
η διαφορά	Unterschied
γλυκός	süß
κάπως	»irgendwie«, etwas
ξινός	säuerlich, sauer

μου αρέσει	»es gefällt mir«, ich mag
αρέσω	gefallen
ευχαρίστως	gern (Adverb)
ένα ένα	einzeln, nacheinander
η χαρτοσακούλα	Papiertüte
ζυγίζω	abwiegen, abwägen
τυλίγω	einwickeln
μαζί	zusammen
η νάυλον σακούλα	Plastiktüte
δύο χιλιάδες	zweitausend
φτάνω	reichen, erreichen, ankommen
χαρίζω	schenken

Καινούριες λέξεις

ο πελάτης	Kunde	το αγγούρι	Gurke
έτσι	ach so	το καρότο	Karotte, Möhre
πάλι	wieder, wiederum	η μελιτζάνα	Aubergine, Eierfrucht
πάλι καλά	»auch recht«	τα φασολάκια	grüne Bohnen
κάτι άλλο	»etwas anderes«, noch etwas	σίγουρα	sicher
το σταφύλι	Traube	η πιπεριά	Peperoni
βέβαια	sicher (Adv.), natürlich	καυτερός	»scharf«
κάποιος	jemand, irgendeiner, ein gewisser	η καυτερή πιπεριά	Feuerschote
πως	daß	η συνταγή	Rezept
συνήθως	gewöhnlich (Adverb)	το πρωί	Morgen
σάπιος	faul, schlecht (bei Nahrungsmitteln)	το κομματάκι	Stückchen
λέω ψέματα	lügen	»η στρίγγλα έγινε αρνάκι«	»der Widerspenstigen Zähmung«
το ψέμα	Lüge	η στρίγγλα	Hexe
τέτοιος	solcher	έγινε	wurde
πιστεύω	glauben, meinen	το αρνάκι	Lamm
ο φίλος	Freund	ο γλωσσοδέτης	Zungenbrecher
δείχνω	zeigen	η πάπια	Ente
ο ίδιος	derselbe, selbst	ο γέρος	der Alte
διαλέγω	auswählen, aussuchen	γερός	rüstig
ορίστε μας!	»da haben wir's«!	συχνά	häufig, oft
ιδιότροπος	merkwürdig, eigenartig, »schwierig«	το συνάχι	Schnupfen
η ντομάτα	Tomate	συνεχώς	fortwährend
κάθε	jeder, jede, jedes		
το παντζάρι	rote Beete, Rübe		

zu 8B

βεβαίως	sicherlich
παραγγέλνω	bestellen
το τασάκι	Aschenbecher
πούντος;	wo ist er?
νάτος!	da ist er!
τίνος;	wessen?

τούτος	der da
πόσος;	wieviel?
τόσος	so viel
το χρήμα	Geld
τα χρήματα	Geld
το νόμισμα	Münze
τα ψιλά	Kleingeld
το χαρτονόμισμα	Papiergeld

zu 8c

η πελάτισσα	Kundin
ο οδηγός	Führer, Fahrer
καθόλου	überhaupt
παλιός	alt (für Sachen)
η γλώσσα	Zunge, Sprache
η ομάδα	Gruppe, Mannschaft
η νύχτα	Nacht
η βδομάδα	Woche
τα χρόνια	Jahre
ο χρόνος	Jahr
η λύση	Lösung
όπως	wie
το άτομο	Person
τα υλικά	Zutaten
γραμμάρια	Gramm (Plur.)
το γιαούρτι	Joghurt
η μυζήθρα	Quark
η ξινή κρέμα	saure Sahne
η κρέμα	Creme, Sahne
πρόβειος	Schafs-
η σκελίδα	Zehe (b. Früchten)
το ματσάκι	kleiner Bund
ο άνηθος	Dill
το αγγουράκι	kleine Gurke
φρέσκος	frisch
το αλάτι	Salz
το πιπέρι	Pfeffer
το ξίδι	Essig
η κουταλιά	Löffel voll
το κουτάλι της σούπας	Suppenlöffel
η σούπα	Suppe
το λάδι	(Oliven)-Öl
η εκτέλεση	Zubereitung
καθαρίζω	reinigen
κοπανίζω	zerstampfen, zerstoßen
ανακατώνω	mischen, durcheinanderbringen
προσθέτω	hinzufügen
κόβω	schneiden
ο κύβος	Würfel
ψιλός	fein, dünn, zart
ρίχνω	werfen
η μάζα	Masse
ελαφρός	leicht
νόστιμος	schmackhaft
έτοιμος	fertig
ταιριάζω	passen
το παξιμάδι	Zwieback
η περασμένη βδομάδα	vergangene, letzte Woche
περασμένος	vergangen
μπαγιάτικος	alt (bei Lebensmitteln)
το δόντι	Zahn

το χαρτί	Papier, Zettel	με γεια	»bei Gesundheit« = »viel Glück dabei«
ο οδοντογιατρός	Zahnarzt	ο καημός	(Liebes)Kummer
το παπούτσι	Schuh		
τα πέδιλα	Sandalen		
το νούμερο	Ziffer, auch: Kleider- oder Schuhgröße, Nummer		

TAXI!
TAXI
TAXI
TAΞI
TAΞI
TAXI

Περιμένοντας ταξί

Χ: Καλημέρα σας, κύριε Παπαθεοδωρακόπουλε, τι κάνετε;

Π: Καλά, ευχαριστώ, εσείς πώς είστε;

Χ: Δόξα τω θεώ, καλά, ευχαριστώ. Η κυρία Παπαθεοδωρακοπούλου τι κάνει;

Π: Καλά είναι, ευχαριστώ. Και η κυρία Χατζηγεωργίου;

Χ: Πολύ καλά, ευχαριστώ πολύ.

Π: Και ο Βασιλάκης, τι κάνει, καλά είναι;

Χ: Λείπει στη Γερμανία αυτό τον καιρό. Θέλει να σπουδάσει εκεί δασολογία.

Π: Με τις πυρκαγιές που καταστρέφουν τα ελληνικά δάση, έχουμε ανάγκη από καλούς δασολόγους. Μπράβο του.

Χ: Περιμένετε και εσείς ταξί;

Π: Ναι, και μάλιστα πολλή ώρα. Αλλά δε βλέπω να υπάρχει πουθενά άδειο ταξί.

Χ: Αυτή την ώρα έχει πάντα πολλή κίνηση, και δε βρίσκει κανείς εύκολα ταξί. Είναι δράμα. Και σήμερα πρέπει να φτάσω γρήγορα στο σπίτι, γιατί με περιμένουν για φαγητό. Και εγώ πεινάω και αυτοί πεινάνε...

Π: Και εγώ είμαι νηστικός από το πρωί. Το πρωί, ξέρετε, δεν έχω ποτέ όρεξη και δε θέλω να τρώω πολύ. Μόνο έναν καφέ πίνω συνήθως και τίποτ' άλλο.

Χ: Εγώ πίνω και πέντε και έξι καφέδες κάθε πρωί στο γραφείο, αλλά αυτό ανοίγει και την όρεξη, έτσι δεν είναι;

Π: Μάλιστα. Εγώ βέβαια τρώω κανένα κουλουράκι στο γραφείο, όταν τα φέρνει ο μικρός. Αλλά τίποτε παραπάνω.

Χ: Ε ταξί... στοπ, ε... σας παρακαλώ!

Π: Πάει και αυτό. Έτσι είναι ο κόσμος. Αν έχει επιτέλους κανένα άδειο ταξί, τρέχουν όλοι, σπρώχνουν, και εμείς που δε θέλουμε να σπρώχνουμε, μένουμε πίσω. Δεν είναι κατάσταση αυτή!

Χ: Φοβερό. Και τώρα;

Π: Περιμένουμε... Ουφ, και ύστερα λέει ο γιατρός πως δεν πρέπει να νευριάζω!

Χ: Ε ταξί..., σταμάτα, ρε παιδί μου!

Π: Αφού είναι γεμάτο, δεν το βλέπετε;

Χ: Έχετε δίκιο, κρίμα!

Π: Και τώρα;

Χ: Περιμένουμε...

Π: Μα είναι δυνατό; Ούτε ένα άδειο!

Χ: Πουθενά. Δεν είναι όλη η Αθήνα γεμάτη ταξί; Και πούντα τώρα;

Π: Νάτο, ένα άδειο. Εμπρός!

Χ: Σας παρακαλώ, κυρία μου, τι σπρώχνετε έτσι; Σιγά σιγά! Κύριε Παπαθεοδωρακόπουλε, γρήγορα!

Π: Δεν έχω καμιά όρεξη να σου διδάξω τρόπους, νεαρέ, αλλά νομίζω πως δεν είσαι καλά. Πρέπει οπωσδήποτε να μου σκίσεις το σακάκι; Κύριε Χατζηγεωργίου, πού είστε;

Χ: Εδώ, μέσα είμαι κιόλας. Γρήγορα! Εντάξει;

Π: Εντάξει. Η ζωή είναι αγώνας, λέει η πεθερά μου.

Χ: (στον ταξιτζή) Παγκράτι, παρακαλώ!

Der deutschen Infinitivkonstruktion — z.B. »ich will griechische Zeitungen lesen« — entspricht im Griechischen eine »persönliche« Konstruktion mit »daß« (να):

Ich will, **daß ich** griechische Zeitungen **lese**.
θέλω να διαβάζω ελληνικές εφημερίδες.

Der Unterschied zum Deutschen besteht also lediglich darin, daß im Griechischen auch bei gleichem Subjekt »persönlich konstruiert« wird, wo im Deutschen die Konstruktion mit dem Infinitiv gebraucht wird.

Bei verschiedenem Subjekt steht ja auch im Deutschen die Konstruktion mit »daß«:

Er will, **daß ich** griechische Zeitungen **lese**.
θέλει να διαβάζω ελληνικές εφημερίδες.

Im abhängigen να-Satz steht der **Konjunktiv**.
διαβάζω aus den Beispielsätzen ist eine Konjunktivform, und zwar die des **Präsensstammes**.

In den vorausgegangenen Lektionen kamen nur Verbformen des Präsensstammes und zwar des Indikativs Präsens vor. Da die Verbformen des Indikativs Präsens mit denen des Konjunktivs Präsens identisch sind, scheint es unnötig, auf den Präsensstamm gesondert aufmerksam zu machen.

Der Präsensstamm steht aber in Beziehung bzw. Gegensatz zu dem zweiten Stamm des griechischen Verbs, dem **Aorist**stamm.

Von diesem Aoriststamm, dem zweiten Verbstamm des griechischen Verbs, werden ebenfalls Konjunktivformen abgeleitet; etwa:

θέλω να **διαβάσω** αυτή την εφημερίδα.
Ich will **diese** Zeitung **lesen**.

Im Deutschen gibt es zwischen den Sätzen

ich will griechische Zeitungen lesen
ich will diese Zeitung lesen

und

keinen Unterschied in den Verbformen.

Im Griechischen ist im abhängigen Satz im Beispiel

θέλω να διαβά**ζω** ελληνικές εφημερίδες

der Konjunktiv des Präsensstammes, im abhängigen Satz im Beispiel

θέλω να διαβά**σω** αυτή την εφημερίδα

der Konjunktiv des Aoriststammes im Gebrauch.

Ob im abhängigen Satz der Konjunktiv des Präsensstammes oder des Aoriststammes gebraucht wird, richtet sich nach dem Blickwinkel, aus dem der Sprecher die Handlung betrachtet, das heißt nach dem Aspekt, welchen er zum Ausdruck bringen will. Dabei drücken Verbformen des Präsensstammes den Aspekt der Dauer, des Verlaufs, der Wiederholung und im ganzen der Unbestimmtheit, Verbformen des Aoriststammes den Aspekt der Einmaligkeit, Abgeschlossenheit und/oder »Zielgerichtetheit« aus.

Verben mit der Bedeutung »beginnen« (αρχίζω), »fortfahren« (συνεχίζω), »aufhören, beenden« (παύω, τελειώνω), »etwas können, wissen, verstehen« (ξέρω), »lernen« (μαθαίνω), »gefallen, mögen« (μου αρέσει) haben in den von ihnen abhängigen Sätzen mit να den Konjunktiv des Präsensstammes nach sich.

Die Bildung der Konjunktivformen

Konjunktiv des Präsensstammes (Dauer, Verlauf, Wiederholung, Unbestimmtheit)

Präsensstamm + Endung des Indikativs Präsens, d.h. die Konjunktivformen des Präsens sind mit den Indikativformen des Präsens identisch:

Θέλω να διαβάζ-	ω	ελληνικές εφημερίδες.
θέλεις να διαβάζ-	εις	πολλά βιβλία.
θέλει να διαβάζ-	ει	Μίκυ Μάους.
θέλουμε να διαβάζ-	ουμε	πολύ.
θέλετε να διαβάζ-	ετε	κάθε βράδι.
δε θέλουν να διαβάζ-	ουν	περιοδικά.

bzw. θέ**λει** να διαβ**άζ-ω** ελληνικές εφημερίδες usw.

Konjunktiv des Aoriststammes (einmalig, abgeschlossen, zielgerichtet)

Aoristsstamm + Endung des Indikativs Präsens:

θέλω να διαβάσ-	ω	αυτή την εφημερίδα.
δε θέλεις να διαβάσ-	εις	το γράμμα;
δε θέλει να διαβάσ-	ει	πολύ σήμερα.
θέλουμε να διαβάσ-	ουμε	καλά το βιβλίο αυτό.
θέλετε να διαβάσ-	ετε	αυτές τις ρεκλάμες;
δε θέλουν να διαβάσ-	ουν	άλλη γραμματική.

bzw. θέ**λει** να διαβ**άσ-ω** αυτή την εφημερίδα usw.

Die regelmäßige Bildung des Aoriststammes im Aktiv

Vorbemerkung: Es ist nicht immer leicht, vom Präsensstamm ausgehend den Aoriststamm zu bilden. Um die Zahl der unregelmäßigen (und damit auswendig zu lernenden) Aoriststämme so klein wie möglich zu halten, empfiehlt es sich, den Begriff der Regelmäßigkeit so weit wie möglich zu fassen und kleinere Unregelmäßigkeiten als morphologische Varianten zu verstehen. Je besser die Wortstruktur durchsichtig und das System der Aoristbildung verstanden wird, desto schneller und wirkungsvoller werden die Aoristformen angeeignet. Dabei ist zu bedenken, daß die vom Aoriststamm abgeleiteten Verbformen im ganzen viel häufiger vorkommen als die, die vom Präsensstamm abzuleiten sind.

Bei der regelmäßigen Bildung des Aoriststammes ist auszugehen von der Stammendung auf -σ-

Präsens Stamm	Konjunktiv Aorist Aoriststamm
1. Verben, deren Präsensstamm auf einen Vokal endet:	
ακού -ω	θέλω να ακούσ -ω αυτό το τραγούδι.
	Anm. gilt nicht für Verben auf -ά-ω.
2. Verben, deren Präsensstamm auf -σ, -ζ, -θ oder -ν endet:	
αρέσ -ω	πρέπει να σας αρέσ -ει αυτό το τραγούδι.
διαβάζ -ω	θέλω να διαβάσ -ω αυτή την εφημερίδα.
νιώθ -ω	πρέπει να το νιώσ -ετε επιτέλους.
φτάν -ω	πρέπει να φτάσ -ω γρήγορα.
Ausnahmen:	
φωνάζ -ω	πρέπει να φωνάξ -ετε δυνατά.
κοιτάζ -ω	θέλει να το κοιτάξ -ει καλά.
κάν -ω	πρέπει να το κάν -εις τώρα.
περιμέν -ω	θέλω να περιμέν -ω λίγο ακόμα.
3. Verben, deren Präsensstamm auf -π, -β, -φ, -αυ oder -ευ endet (Labiale):	
	(π usw. + σ = ψ)
λείπ -ω	δε θέλει να λείψ -ει από το μάθημα.
ανάβ -ω	πρέπει να ανάψ -ετε μια φωτιά.
παύ -ω	πρέπει να πάψ -εις να καπνίζεις.
δουλεύ -ω	δε θέλουμε να δουλέψ -ουμε εδώ.
γράφ -ω	θέλει να γράψ -ει αυτό το γράμμα.
4. Verben, deren Präsensstamm auf -κ, -γ, -χ, oder -χν endet (Gutturale):	
	(κ usw. + σ = ξ)
διδάσκ -ω	θέλω να μου το διδάξ -εις.
ανοίγ -ω	πρέπει να ανοίξ -ετε την πόρτα.
τρέχ -ω	πρέπει να τρέξ -εις στο μανάβη.
δείχν -ω	θέλετε να μου δείξ -ετε τα πορτοκάλια;

Indefinite Pronomina und Adverbien

Einige von ihnen haben sowohl negative wie auch positive Bedeutung:

Negativ in verneinten Sätzen, in prädikatslosen Sätzen und als Antwort auf eine Frage:

❐ **κανένας (κανείς), καμιά (καμία), κανένα** — **keiner, niemand.**
(Dekliniert wie: ένας, μια, ένα, s. S. 38)
Δεν είναι κανείς εδώ. — Es ist niemand da.
Ποιος είναι μέσα; Κανένας! — Wer ist drin? Niemand!

❐ **τίποτα (τίποτε)** — **nichts.**
Δεν ξέρω τίποτα. — Ich weiß (von) nichts.
Τι συμβαίνει; Τίποτα! — Was ist los? Nichts!

❐ **ποτέ** — **nie, niemals.**
Δεν πίνει ποτέ μπίρα. — Er trinkt nie Bier.
Πότε τρως μήλα; Ποτέ! — Wann ißt du Äpfel? Niemals!

❐ **πουθενά** — **nirgends, nirgendwohin.**
Πού πηγαίνεις τα βράδια; Πουθενά! — Wo gehst du abends hin? Nirgendwohin!

❐ **καθόλου** — **überhaupt nicht.**
Δεν πίνει καθόλου κρασί. — Er trinkt überhaupt keinen Wein!
Σου αρέσει αυτή; Καθόλου! — Gefällt sie dir? Überhaupt nicht!

Positiv vorwiegend in Fragesätzen:

❐ **κανένας** (etc. siehe oben) — **(irgend)einer, jemand, man.**
Βλέπεις κανέναν εδώ; — Siehst du hier jemanden?
Στην ταβέρνα πίνουν κανένα ουζάκι και τρώνε κανένα μεζέ.
In der Taverne trinken sie einen Uso und essen eine Kleinigkeit.
Τέτοια ώρα βρίσκει κανείς εύκολα ταξί.
Um diese Zeit findet man leicht ein Taxi.

❒ **τίποτα**	**etwas**
Θέλεις τίποτα;	Willst du was?
❒ **ποτέ**	**jemals**
Πηγαίνει ποτέ στο θέατρο;	Geht er jemals ins Theater?
❒ **πουθενά**	**irgendwo, irgendwohin**
Σε βρίσκει κανείς πουθενά;	Findet man dich denn irgendwo?
❒ **καθόλου**	**überhaupt**
Τον βλέπεις καθόλου;	Siehst du ihn überhaupt?

Weitere wichtige indefinite Pronomina und Adverbien:

❒ **κάθε (adjektivisch, indeklinabel) jeder, jede, jedes**

κάθε πρωί δεν τρώω τίποτε και γι' αυτό κάθε μεσημέρι πεινάω πολύ.

Jeden Morgen esse ich nichts und deshalb habe ich mittags großen Hunger.

❒ **ο καθένας, η καθεμιά, το καθένα (substantivisch) jeder, jede, jedes**

ο καθένας τρέχει, όταν είναι βιαστικός. Jeder rennt, wenn er es eilig hat.

Διαλέγω τις ντομάτες την καθεμιά ξεχωριστά.

Ich wähle die Tomaten einzeln aus.

❒ **κάτι etwas**

Ο μικρός λέει κάτι στο αφτί του γκαρσονιού, και το γκαρσόνι παίρνει κάτι από το πάτωμα.

Der Hilfskellner (der Kleine) sagt dem Kellner etwas ins Ohr, und der Kellner hebt etwas vom Boden auf.

❒ **μερικοί, μερικές, μερικά einige**

Μερικοί φοιτητές δε διαβάζουν καθόλου, αλλά πάνε καλά στις εξετάσεις.

Einige Studenten lernen überhaupt nicht, aber sie bestehen die Prüfungen gut.

❒ **κάποιος, κάποια, κάποιο irgendeiner, irgendeine, irgendeines; jemand**

Ποιος είναι στην πόρτα; Κάποιος· τι σ' ενδιαφέρει;

Wer ist an der Tür? Jemand; was interessiert dich das?

»Σε κάποιον δίνουν γάιδαρο κι αυτός τον κοιτάζει στα δόντια«.

»Einem geschenkten Gaul schaut man nicht ins Maul.«

Grammatik

❒ **κάπου** **irgendwo, irgendwohin**

Πού πάει ο Κώστας; Κάπου! Wo geht Kostas hin? Irgendwohin!

Από κάπου σε ξέρω, αλλά δεν ξέρω από πού.

Irgendwoher kenne ich dich, aber ich weiß nicht woher.

❒ **κάπως** **irgendwie**

Κάπως βρίσκει κανείς πάντα μια λύση.

Irgendwie findet man immer eine Lösung.

Πώς είναι ο άρρωστος σήμερα; Κάπως καλύτερα!

Wie geht es dem Kranken heute? Irgendwie (»etwas«) besser!

Neutra auf -ος

	Sing.	Plur.
N.	το λάθος	τα λάθη
G.	του λάθους	των λαθών
A.	το λάθος	τα λάθη

περιμένοντας (περιμέν - οντας)

feststehendes nicht deklinierbares **Partizip des Präsens Aktiv**: wartend.

Der Gebrauch ist adverbial in prädikativer Stellung.

Περιμένοντας ταξί heißt also nicht »das wartende Taxi«, sondern: »wartend auf ein Taxi«.

»Das wartende Taxi« im Deutschen entspricht dem griechischen »das Taxi, das wartet«: το ταξί που περιμένει.

1 Stellen Sie die Sachverhalte richtig:

- ❒ Ο κύριος Χατζηγεωργίου και ο κύριος Παπαθεοδωρακόπουλος περιμένουν στο καφενείο του σταθμού το τρένο.
- ❒ Ο Βασίλης Παπαθεοδωρακόπουλος σπουδάζει φιλολογία στη Γαλλία.
- ❒ Οι κύριοι Παπαγεωργίου και Χατζηθεοδωρακόπουλος περιμένουν πολλή ώρα.
- ❒ Ο κύριος Παπαθεοδωρακόπουλος πρέπει να φτάσει γρήγορα στο σταθμό, γιατί το τρένο φεύγει αμέσως.
- ❒ Ο κύριος Παπαθεοδωρακόπουλος έχει πολλή όρεξη το πρωί.
- ❒ Στο γραφείο τρώει και πίνει πολύ.
- ❒ Όταν έχει κανένα άδειο ταξί, οι κύριοι Παπαθεοδωρακόπουλος και Χατζηγεωργίου τρέχουν, σπρώχνουν, σκίζουν τα σακάκια των άλλων και δε μένουν ποτέ πίσω.
- ❒ Ο γιατρός λέει πως δεν πρέπει να τρώει πολύ ο κύριος Χατζηγεωργίου.
- ❒ Όλα τα ταξί είναι άδεια.
- ❒ Ο κύριος Παπαθεοδωρακόπουλος θέλει οπωσδήποτε να διδάξει τρόπους στο νεαρό, που του σκίζει το σακάκι.
- ❒ Ο πεθερός του κυρίου Χατζηγεωργίου λέει πως η ζωή είναι αγώνας.
- ❒ Οι κύριοι πηγαίνουν στο Παγκράτι με το τρένο.

2 Spielen Sie die Szene aus 9A möglichst wortgetreu nach.

3 Sammeln Sie aus dem A-Stück die Konjunktivformen zusammen mit den Verben, von denen diese abhängig sind, und erklären Sie, warum in einem Fall der Konjunktiv des Präsens und im anderen Fall der des Aorists steht.

4 **Was ist richtig? Entscheiden Sie mit Hilfe von 9A und streichen Sie die falsche Lösung durch!**

Ο κύριος Χατζηγεωργίου πρέπει να φτάνει / να φτάσει γρήγορα στο σπίτι.

Εμείς που δε θέλουμε να σπρώχνουμε / να σπρώξουμε, μένουμε πίσω.

Ο Βασιλάκης θέλει να σπουδάζει / να σπουδάσει δασολογία στη Γερμανία.

Δε βλέπω να υπάρχει / να υπάρξει πουθενά άδειο ταξί.

Ο γιατρός λέει πως δεν πρέπει να νευριάζω / να νευριάσω.

Δεν έχω καμιά όρεξη να σας διδάσκω / να σας διδάξω τρόπους, κύριε!

Πρέπει οπωσδήποτε να μου σκίζετε / να μου σκίσετε το σακάκι;

5 Ο Βασίλης θέλει να ... ελληνικές εφημερίδες (**διαβάζω**).
Ο Βασίλης θέλει να **διαβάζει** ελληνικές εφημερίδες.

Ξέρει να ... (ζωγραφίζω). Του αρέσει να ... (ψωνίζω). Ο μανάβης θέλει να ... πάντα τη σαλάτα (τυλίγω). Η Σοφία ξέρει να ... και έτσι μαθαίνει να ... πιο γρήγορα από τους άλλους (ακούω, καταλαβαίνω). Όταν δε βρίσκει αμέσως ταξί, αρχίζει να ... (νευριάζω). Τους αρέσει να ... πρώτα και μετά να ... περισσότερο (νηστεύω, τρώω). Δεν της αρέσει να ... πάντα τα φαγητά των άλλων (πληρώνω). Ξέρει να ... πολλά (κερδίζω). Δε θέλει να ... πολύ (πίνω). Αυτή την εφημερίδα δεν πρέπει να την ... μικρά παιδιά (διαβάζω). Δεν πρέπει να ... ποτέ το ψωμί και η ελιά από το τραπέζι (λείπω). Δεν πρέπει να ... ο κύριος για το τίποτε (νευριάζω).

6 Θέλω να ... ένα καπέλο (**αγοράζω**).
Θέλω να **αγοράσω** ένα καπέλο.

Θέλει να το ... ο ίδιος (διαλέγω). Θέλουν να ... γρήγορα στο σταθμό (φτάνω). Δε θέλω να σε ... ,γιατί δεν έχω σήμερα φωνή (φωνάζω). Δε θέλεις να ... αυτή την εφημερίδα (διαβάζω); Δε θέλετε να με ... πως πεινάω πολύ (πιστεύω); Ο Γιάννης δε θέλει να ... το λογαριασμό (πληρώνω). Θέλουν να ... πρώτα αν έχει φαγητά (κοιτάζω). Θέλουν να μας ... τρόπους (διδάσκω). Θέλεις να μου ... το σακάκι (σκίζω); Δε θέλετε να μας ... την πόρτα (ανοίγω). Αυτή τη δουλειά δε θέλει να την ... ο Γιώργος (κάνω). Γιατί δε θέλεις να μας ... αυτό το γράμμα(γράφω);

7 Θέλω να ... ο Γιάννης αυτή την ωραία μουσική (**ακούω**).
Θέλω να **ακούσει** ο Γιάννης αυτή την ωραία μουσική.

Γιατί δε θέλεις να ... εγώ αυτό το περιοδικό (διαβάζω); Δε θέλω να ... τον κύριο (σπρώχνω)! Ο Κώστας και ο Μανόλης πρέπει να ... στο σταθμό (τρέχω). Ο μανάβης δε θέλει να ... εγώ τη σαλάτα (διαλέγω). Δεν έχω σπίρτα· πρέπει εσύ να μου ... το τσιγάρο (ανάβω). Πρέπει να μου ... εσύ το καινούριο σπίτι (δείχνω). Οι κύριοι πρέπει να ... το ταξί (περιμένω). Η Χρυσούλα πρέπει να ... γρήγορα, γιατί την περιμένει ο φωτογράφος (γυρίζω).

8 Konjunktiv Präsens oder Aorist?

Θέλω να ... πως έχεις δίκιο σ'αυτό το θέμα (πιστεύω). Ο κύριος Χατζηγεωργίου πρέπει να ... αμέσως στο σπίτι (φτάνω). Δε θέλει να ... φέτος νέα ελληνικά, αλλά αρχαία (διδάσκω). Το παιδί μαθαίνει να ... στο μανάβικο (ψωνίζω). Του αρέσει να ... εγώ τη σαλάτα (διαλέγω). Ο μανάβης πρέπει να ... τη σαλάτα σε μια εφημερίδα και το παιδί πρέπει να την ... (τυλίγω, πληρώνω). Ο Γιώργος θέλει να ... ένα ψάθινο καπέλο (αγοράζω). Του αρέσει να ... ψάθινα καπέλα (αγοράζω). Θέλετε να μου ... αυτό το σκόρδο (χαρίζω); Αν θέλετε να ... γρήγορα στο σταθμό, πρέπει να ... (φτάνω, τρέχω). Ο Νίκος δεν παύει να ... ωραία μετά από τόση ρετσίνα (νιώθω). Δε θέλει να ... μ' αυτόν το λογαριασμό (νευριάζω). Το γκαρσόνι δεν πρέπει να ... ποτέ με τους τρόπους των πελατών (νευριάζω). Αν θέλεις να ... τόσο μεγάλο κατάστημα, πρέπει να ... πολύ (ανοίγω, δουλεύω). Αρχίζετε να ... καλύτερα τα ελληνικά τώρα (καταλαβαίνω).

9 Übersetzung:

Gibt es irgendwo eine Taverne? Nein, nirgends. Er hat nicht recht. Er weiß nichts von Tavernen. Er will immer nur ins Kafenio rennen, in der Taverne gefällt es ihm überhaupt nicht. Er geht nie dorthin. Kostas geht dagegen nur in Kneipen, wo (όπου) es auch was zu essen gibt (έχει φαγητά). Er trinkt dort gern einen Retsina und ißt gern die Vorspeisen. Die Hauptspeisen sind zu teuer. Da er Taxichauffeur ist, muß er für das Taxi nicht bezahlen. Weil er Taxichauffeur ist, darf er nicht trinken. Er trinkt nie viel. Er trinkt weniger als Nikos. Ins Kafenio geht er nie. Er will nicht fasten. In der Kneipe bestellt er immer furchtbar viele Vorspeisen und dann fehlt ihm die Gesellschaft (η παρέα). Auf sie muß er aber nicht lange warten. Am Schluß (στο τέλος) will er die Rechnung bezahlen. Das geht auf meine Rechnung, sagt Jannis, der Wirt (ο εστιάτορας). Aber warum, sagt Kostas. Der Arzt sagt, ich darf mich nicht aufregen und wenn ich dir jetzt die Rechnung zeigen muß, und du willst nicht bezahlen, muß ich mich aufregen. Ein kluger (έξυπνος) Arzt, sagt Kostas.

10 Spielanleitung:

Personen: Sie, »Schalterbeamter« des halbstaatlichen Busunternehmens, ein Fahrgast.

Ort: ein Dorf unweit vom Meer.

Sie: erklären Ihr Reiseziel und die Absicht, den von der Stadt kommenden Bus bis zum Meer zu benutzen.

Schalt.: hat nichts dagegen, nennt Ihnen den Preis und weist auf die Verspätung (η καθυστέρηση) hin.

Sie: sind froh darüber und kaufen sich derweil noch eine griechische Zeitung, um sich zu informieren und gleichzeitig etwas für Ihre Sprache zu tun.

Schalt.: ist entzückt, daß Sie sogar griechisch zu lesen sich anschicken, wobei er den richtigen Konjunktiv gebraucht.

Sie: wollen sich in die Zeitung vertiefen, da kommt allerdings Bewegung in die Busstation und das Gedränge und die Aufregung (alles zusammen: η φασαρία) ist beachtlich. Sie sind erleichtert, als ein

Fahrgast: höflich Ihre Zeitung ausleiht, um die Fußballergebnisse nachzusehen.

Sie: erklären ihm alles, wobei Sie inzwischen aber dem Schalterbeamten mit Ihrem Rucksack nachlaufen zu müssen meinen.

Schalt.: gibt Ihnen zu verstehen, daß er Ihren Rucksack (το σακίδιο) lediglich in den Gepäckraum des Busses verstauen will.

Fahrgast: setzt sich neben Sie, da er ja gelegentlich die Zeitung zurückgeben will.

Sie: wünschen allen und sich selbst καλό ταξίδι und sehen zu, wieviele Fahrgäste sich bei Reisebeginn bekreuzigen.

Πέρα στους πέρα κάμπους

Πέρα στους πέρα κάμπους

Πέρα στους πέρα κάμπους (3x)
όπου είναι οι ελιές
είν' 'να μοναστηράκι (3x)
που παν οι κοπελιές.

Πάω κι εγώ ο καημένος (3x)
για να λειτουργηθώ
να κάνω το σταυρό μου (3x)
σαν κάθε χριστιανό.

Βλέπω μια πάντα κι άλλη (3x)
βλέπω μια κοπελιά
πού 'κανε το σταυρό της (3x)
και λάμπει η εκκλησιά.

Ρωτώ, ξαναρωτώ τη (3x)
από πού 'σαι, κοπελιά;
Από εδώ κοντά 'μαι (3x)
κι από το μαχαλά.

Drüben in den Feldern

Drüben in den Feldern,
wo die Olivenbäume sind
ist ein kleines Kirchlein
wohin die Mädchen gehen.

(Dorthin) gehe ich Armer,
um den Gottesdienst zu hören,
um mein Kreuz zu schlagen
wie jeder Christ.

Ich sehe immer wieder eine andere
ich sehe (nur noch) ein Mädchen.
Sie machte ihr Kreuz
und die Kirche erstrahlt.

Ich frage sie und frage sie immer
wieder woher, von wo bist du,
Mädchen? Ich bin hier aus der
Nähe, vom Viertel.

Μα έχω γέρον άντρα (3x)
και δυο μικρά παιδιά.
Ολημερίς με δέρνει (3x)
έχει σκληρή καρδιά.

Βαρύ σταμνί μου δίνει (3x)
και κοντό σκοινί
ν' αργήσω να γεμίσω (3x)
για νά 'βρει αφορμή.

Aber ich habe ´nen alten Mann
und zwei kleine Kinder.
Den ganzen Tag schlägt er mich
er hat ein hartes Herz.

Er gibt mir einen schweren Krug
und ein kurzes Seil,
damit ich mich beim Schöpfen verspäte
und er einen Vorwand findet.

Volkslied

Καινούριες λέξεις

περιμένοντας	wartend
ευχαριστώ	ich danke
δόξα τω θεώ	Gott sei Dank
λείπει στη Γερμανία	er ist in Deutschland
λείπω	fehlen, weg sein
ο καιρός	Zeit, Wetter
αυτό τον καιρό	diese Zeit (Akk. temp.)
σπουδάζω	studieren
η δασολογία	Forstwirtschaft
η πυρκαγιά	Brand
καταστρέφω	zerstören, vernichten
το δάσος	Wald
έχω ανάγκη από	brauchen, nötig haben
ο δασολόγος	Forstwirtschaftler
και μάλιστα	sogar
πολλή ώρα	viel Zeit, lang
πουθενά	irgendwo, irgendwohin, nirgendwo, nirgendwohin
άδειος	leer
η κίνηση	Verkehr
βρίσκω	finden
κανείς	irgendein, niemand
εύκολος	leicht (nicht schwierig)
το δράμα	Drama
πρέπει	muß
πεινάω	Hunger haben
νηστικός	nüchtern
είμαι νηστικός από...	ich habe seit... nichts gegessen
το γραφείο	Büro, Schreibtisch
το κουλούρι	Sesamkringel

το κουλουράκι	Kringelchen
ποτέ	jemals, nie
παραπάνω	darüber hinaus
στοπ!	halt!
πάει	weg ist er, sie, es
αν	wenn, ob
επιτέλους	endlich
τρέχω	rennen, eilen
σπρώχνω	drängeln, stoßen
μένω	bleiben, wohnen
η κατάσταση	Zustand
φοβερός	furchtbar, schrecklich
ύστερα	später, dann, darauf
ο γιατρός	Arzt
νευριάζω	sich aufregen
σταμάτα!	halt!, bleib stehen!
ρε!	»Mensch«, »he«!
ρε παιδί μου!	»Mensch Meier«
γεμάτος	voll
έχω δίκιο	recht haben
δυνατός	mächtig, kräftig
είναι δυνατό	es ist möglich
εμπρός!	vorwärts! herein!
κυρία μου!	»liebe Frau«
σιγά σιγά!	langsam!
διδάσκω	lehren
διδάσκω τρόπους	»Mores lehren«, Benehmen beibringen
νομίζω	glauben, meinen
νεαρέ!	»junger Mann«!
ο νεαρός	Heranwachsender
οπωσδήποτε	unbedingt, auf jeden Fall
σκίζω	zerreißen
το σακάκι	Jackett
μέσα	drinnen, darin, hinein
κιόλας	schon
η ζωή	Leben
ο αγώνας	Kampf
η πεθερά	Schwiegermutter
ο ταξιτζής	Taxichauffeur
το Παγκράτι	Stadtteil von Athen

zu 9B

συνεχίζω	fortfahren
τελειώνω	beenden, fertig machen
παύω	aufhören, beenden
ανάβω	anzünden
το βράδι	Abend, abends
το περιοδικό	Zeitschrift
η ρεκλάμα	Reklame
η γραμματική	Grammatik
νιώθω	fühlen, empfinden
δυνατά	kräftig, stark, laut (Adverb)
η φωτιά	Feuer
η πόρτα	Tür
συμβαίνει	es passiert, geschieht

Καινούριες λέξεις

τίποτα	etwas, nichts
η μπίρα	Bier
καθόλου	überhaupt (nicht)
το θέατρο	Theater
το μεσημέρι	Mittag
ο καθένας	jeder
ξεχωριστός	getrennt, einzeln
το πάτωμα	Fußboden, auch: Stockwerk
ο φοιτητής	Student
η εξέταση	Prüfung
το λάθος	Fehler

zu 9c

ο πεθερός	Schwiegervater
πρώτα	zunächst, zuerst
μετά	danach, dann
για το τίποτα	wegen nichts, um nichts
αγοράζω	kaufen
μακριά	weit (weg)
φέτος	in diesem Jahr
όπου	wo
η παρέα	Gesellschaft, Gruppe
στο τέλος	am Schluß
το τέλος	Ende
ο εστιάτορας	Gastwirt
έξυπνος	klug
η καθυστέρηση	Verspätung
το σακίδιο	Rucksack

ΕΣΕΙΣ ΚΥΡΙΕ ΕΧΕΤΕ ΕΙΣΙΤΗΡΙΟ;

Δυο σκηνές

Στο λεωφορείο

Ο εισπράκτορας κύριος **Ε**παμεινώντας
Ο κύριος **Μ**ηνάς

Ε.: Άλλος χωρίς εισιτήριο; Εσείς κύριε, έχετε εισιτήριο;

Μ.: Πώς δεν έχω. Αλλά γιατί το λέτε αυτό σε μένα κι όχι σ' αυτόν τον κύριο δίπλα μου;

Ε.: Τούτος ο κύριος έχει. Μου δείχνετε το εισιτήριο, παρακαλώ;

Μ.: Δεν το βρίσκω, μάλλον το έχω στην τσέπη.

Ε.: Δε θέλω να σας βάλω σε δύσκολη θέση, κύριε, αλλά πούντο και δεν το βρίσκετε;

Μ.: Δεν ξέρω· νομίζω πως πρέπει να μου βγάλετε άλλο, παρακαλώ!

Ε.: Όχι, δε θέλω να σας δώσω άλλο, γιατί είστε ψεύτης.

Μ.: Σε μένα το λέτε αυτό;

Ε.: Σε σας το λέω, σε ποιον άλλον; Όλοι οι άλλοι έχουν εισιτήριο, μόνο εσείς δεν έχετε.

Μ.: Πού το ξέρετε;

Ε.: Ξέρω εσάς.

Μ.: Εμένα;

Ε.: Μάλιστα, εσάς. Σας ξέρω, γιατί σας βλέπω κάθε φορά να κάνετε το κορόιδο και να μην πληρώνετε.

Μ.: Εγώ δεν πληρώνω;

Ε.: Εσείς· ποιος άλλος;

Μ.: Εγώ πάντως έχω εισιτήριο, μόνο που δεν το βρίσκω αυτή τη στιγμή.

Ε.: Τότε πρέπει να φύγετε αμέσως απ' εδώ.

Μ.: Δε φεύγω.

Ε.: Ή θέλετε να σας βγάλω εγώ από το λεωφορείο;

Μ.: Εμένα δε με βγάζει κανείς από το λεωφορείο, γιατί εγώ έχω εισιτήριο. Αλλά αφού δεν το βρίσκω τώρα, σας παρακαλώ και πάλι να πάρω ένα δεύτερο.

Ε.: Μα γιατί δε θέλετε να με καταλάβετε, κύριε;

Μ.: Ποιος δεν καταλαβαίνει ποιον, εγώ εσάς ή εσείς εμένα;

Ε.: Δε σας πιστεύω, κύριε, και γι' αυτό πρέπει να πληρώσετε πρόστιμο.

Μ.: Και όμως ορίστε, νάτο το εισιτήριο. Το έχω στη βέρα. Και πρέπει να το μάθετε μια και καλή: Όχι ψεύτης, παντρεμένος!

Στο σπίτι

η **μ**ητέρα
ο **Α**ντρέας
η **Μ**αρία

μ.: Πού είναι το πιστόλι σου, Αντρέα;

Α.: Δεν έχω πιστόλι. Το πιστόλι μου το έχει η Μαρία.

μ.: Μαρία, πού είναι το πιστόλι του Αντρέα; Εσύ το έχεις;

Μ.: Όχι, εγώ έχω το δικό μου πιστόλι· το πιστόλι του Αντρέα δεν ξέρω πού είναι.

Α.: Πώς δεν έχεις το δικό μου!

Μ.: Ψέματα λες, αυτό είναι δικό μου, άλλο δεν έχω.

Α.: Αλλά έχεις και το δικό μου, και θέλω να μου το φέρεις αμέσως εδώ.

Μ.: Πού το βλέπεις;

Α.: Νάτο· αυτό τι είναι;

Μ.: Πιστόλι.

Α.: Ποιανού είναι;

Μ.: Πάντως όχι το δικό σου.

Α.: Ε ποιανού είναι τελοσπάντων;

Μ.: Τι σ' ενδιαφέρει, αφού δεν είναι το δικό σου.

Α.: Μαμά, η Μαρία δε θέλει να μου δώσει το πιστόλι μου!

μ.: Και πού ξέρεις πως έχει το δικό σου και δεν είναι το δικό της;

Α.: Πάντα παίρνει τα δικά μου πράγματα.

μ.: Γρήγορα, όλα τα πιστόλια που έχεις, Μαρία!

Μ.: Ένα έχω, καλέ μαμά, κι αυτό είναι το δικό μου.

μ.: Πούντο;

Μ.: Δεν το βρίσκω τώρα.

μ.: Μπράβο σας, επιτέλους ένα λεπτό χωρίς πιστόλια.

Μ. και Α.: Μπαμ–μπουμ· μπαμ–μπουμ, μπουμ–μπαμ–μπαμ–μπουμ. Η μάχη αρχίζει!!!

Personalpronomina II

Neben den schwach betonten (s. o. 8B) stehen die **stark betonten Personalpronomina**.

Sie treten auf in Gegensätzen, bei beabsichtigter Hervorhebung, nach Präpositionen und in prädikatslosen Sätzen.

Das Personalpronomen a) als Subjekt (s. o. 5B):

	Sing.		Plur.	
1. Person	εγώ	ich	εμείς	wir
2. Person	εσύ	du	εσείς	ihr, Sie
3. Person	αυτός, -ή, -ό	er, sie, es	αυτοί, -ές, -ά	sie

b) als Akkusativobjekt:

die einfachen starken Formen				der pleonastische Gebrauch (starke und schwache Formen)	
Singular					
1. Person	mich	ξέρει	εμένα	εμένα με	ξέρει
2. Person	dich	ξέρει	εσένα	εσένα σε	ξέρει
3. Person	ihn	ξέρει	αυτόν	αυτόν τον	ξέρω
	sie	ξέρει	αυτήν	αυτήν την	ξέρω
	es	ξέρει	αυτό	αυτό το	ξέρω
Plural					
1. Person	uns	ξέρει	εμάς	εμάς μας	ξέρει
2. Person	euch	ξέρει	εσάς	εσάς σας	ξέρει
3. Person	sie	ξέρω	αυτούς	αυτούς	τους ξέρω
		ξέρω	αυτές	αυτές τις	ξέρω
		ξέρω	αυτά	αυτά τα	ξέρω

Das anlautende ε- von εμένα, εσένα, εμάς, εσάς fällt nach Präpositionen wie σε, από, με, για weg:

σε μένα το λέει αυτό.

από σένα έχω τούτο το βιβλίο.

μαζί με μας πάει ο Γιώργος

για σας τα κάνει όλα αυτά.

Neben der Wortstellung εμένα με ξέρει usw. ist auch die Stellung με ξέρει εμένα möglich und üblich.

Der pleonastische Gebrauch tritt häufig auch in der Kombination mit Substantiven auf:

τον άνθρωπο τον ξέρω.

τον ξέρω τον άνθρωπο.

τις ντομάτες τις τυλίγει.

τις τυλίγει τις ντομάτες.

c) als Dativobjekt:

σε + Akkusativformen | **Der pleonastische Gebrauch**

Singular				
1. Person	mir σε μένα	δίνει το ψωμί	εμένα μου	δίνει το ψωμί
2. Person	dir σε σένα	δίνει το ψωμί	εσένα σου	δίνει το ψωμί
3. Person	ihm σ' αυτόν	δίνει το ψωμί		
	ihr σ' αυτήν	δίνει το ψωμί		
	ihm σ' αυτό	δίνει το ψωμί		
Plural				
1. Person	uns σε μας	δίνει το ψωμί	εμάς μας	δίνει το ψωμί
2. Person	euch, Ihnen σε σας	δίνει το ψωμί	εσάς σας	δίνει το ψωμί
3. Person	ihnen σ' αυτούς	δίνει το ψωμί		
	σ' αυτές	δίνει το ψωμί		
	σ' αυτά	δίνει το ψωμί		

Neben der Wortstellung σε μένα δίνει το ψωμί usw. ist auch die Stellung δίνει το ψωμί σε μένα möglich und üblich.

Wortstellung: Der schwache Teil auch in der Kombination immer **vor** dem Verb:
εμένα μου λέει oder μου λέει εμένα.

Die Wortstellung mit δεν:

σε μένα δεν το δίνει
δεν το δίνει σε μένα

εμένα δε μου το λέει.

Possessivpronomina

Die gewöhnlichen Formen

το βιβλίο	μου	mein Buch	το βιβλίο	μας	unser Buch
το βιβλίο	σου	dein Buch	το βιβλίο	σας	Ihr, euer Buch
το βιβλίο	του	sein Buch	το βιβλίο	τους	ihr Buch
το βιβλίο	της	ihr Buch			
το βιβλίο	του	sein Buch			

Wortstellung: zwischen Adjektiv und Substantiv
το καινούριο μου βιβλίο
oder nach dem Substantiv
το καινούριο βιβλίο μου

Betonung: το αυτοκίνητό μου

In Gegensätzen, in Verbindung mit Präpositionen, bei stärkerer Betonung und in prädikatslosen Sätzen **wird das Possessivverhältnis durch ο δικός, η δική (δικιά), το δικό verstärkt.**

δικός... geht wie ein gewöhnliches Adjektiv und ist in Kasus, Genus und Numerus mit dem Substantiv, dem es in der Regel vorausgeht, kongruent.

❒ In Gegensätzen:
Εδώ είναι το δικό σου (το) βιβλίο, όχι το δικό του.

❒ In Verbindung mit einer Präposition:
Από ποιο βιβλίο διαβάζεις; Από το δικό της.

❒ Bei stärkerer Betonung:
Ναι, είναι τα δικά μου (τα) βιβλία.

❒ In prädikatslosen Sätzen:
Παίρνω το δικό σου πιστόλι. Όχι το δικό της.

In der Verbindung mit είναι steht δικός μου auch ohne Artikel. Diese Konstruktion entspricht dem deutschen »gehören«.

Αυτό το βιβλίο είναι δικό σου ή δικό της; Είναι δικό μου! Gehört das Buch dir oder ihr? Mir!

Adverbien	→	**Präpositionale Ausdrücke**	
μαζί	zusammen	μαζί μου	mit mir
κοντά	nahe, in der Nähe	κοντά σου	bei dir, in deiner Nähe
γύρω	rundherum	γύρω του	um ihn (es) herum
απέναντι	gegenüber	απέναντί της	ihr gegenüber
μέσα	darinnen, drin	μέσα του	in ihm
πλάι	daneben	πλάι μας	neben uns
δίπλα	daneben	δίπλα σας	neben Ihnen (euch)
μπροστά	vorne	μπροστά τους	vor ihnen
πίσω	hinten	πίσω μου	hinter mir
μακριά	weit weg	μακριά σου	weg von dir
πάνω	oben	πάνω του	auf ihm, über ihm
μεταξύ	zwischen	μεταξύ μας	unter uns

μόνος μου	ich allein, selbst
πηγαίνει μόνη της στο θέατρο	sie geht allein ins Theater
αυτό το κάνουμε μόνοι μας	das machen wir allein, selbst
ο εαυτός μου	ich selbst, »meine Wenigkeit«
εγώ τον εαυτό μου τον ξέρω πολύ καλά	ich kenne mich selbst sehr gut
δε βλέπει τον εαυτό της, μόνο τους άλλους	sie sieht sich selbst nicht, nur die anderen

Unregelmäßige Aoristbildung

Präsens Präsensstamm	Konjunktiv Aorist Aoriststamm
βάζ -ω	δε θέλω να σας βάλ -ω σε δύσκολη θέση.
βγάζ -ω	πρέπει να σας βγάλ -ω από το λεωφορείο.
δίν -ω	δε θέλω να σας δώσ -ω άλλο εισιτήριο.
καταλαβαίν -ω	δε θέλετε να με καταλάβ -ετε, κύριε;
μαθαίν -ω	πρέπει να μάθ -ει μια και καλή.
παίρν -ω	θέλω να πάρ -ω ένα δεύτερο εισιτήριο.
φέρν -ω	θέλω να μου φέρ -εις αμέσως το πιστόλι.
φεύγ -ω	πρέπει να φύγ -ετε αμέσως απ' εδώ.

Die Verneinung in **να**-Sätzen ist **μη(ν)**, nicht δε(ν):
σας βλέπω να κάνετε το κορόιδο και να μην πληρώνετε.

1 Beantworten Sie anhand des Textes I

Ποιος φωνάζει: άλλος χωρίς εισιτήριο;

Τι λέει ο εισπράκτορας στον κύριο Μηνά;

Του δείχνει ο κύριος Μηνάς το εισιτήριο;

Γιατί;

Το βρίσκει στην τσέπη του ο κύριος Μηνάς το εισιτήριο;

Του δίνει ο εισπράκτορας άλλο εισιτήριο;

Γιατί;

Έχουν όλοι οι άλλοι εισιτήριο;

Ξέρει ο εισπράκτορας τον κύριο Μηνά;

Από πού τον ξέρει;

Βρίσκει στο τέλος ο κύριος Μηνάς το εισιτήριο;

Πού;

Είναι ψεύτης ο κύριος Μηνάς;

2 Kreuzen Sie an:

	σωστό	λάθος
Η μητέρα έχει δυο πιστόλια.	❒	❒
Ο Αντρέας δεν έχει πιστόλι, το έχει η Μαρία.	❒	❒
Η μητέρα ξέρει πού είναι το πιστόλι του Αντρέα.	❒	❒
Ο Αντρέας λέει πως η Μαρία έχει το δικό του πιστόλι.	❒	❒
Η Μαρία λέει: ναι, το έχω.	❒	❒
Η Μαρία λέει πως έχει μόνο το δικό της το πιστόλι.	❒	❒
Η μητέρα δίνει στα παιδιά άλλα δυο πιστόλια.	❒	❒
Η Μαρία βρίσκει το πιστόλι του Αντρέα.	❒	❒
Τώρα δεν έχει ούτε η Μαρία ούτε ο Αντρέας πιστόλια.	❒	❒

3

ξέρω (εσείς)

σας ξέρω

ξέρω **εσάς**

δείχνει (αυτό). βλέπει (εμείς). πληρώνω (αυτό). ξέρετε (εγώ). ακούει (αυτή). χαρίζω (αυτά). βρίσκουμε (αυτοί). έχω (αυτό). διαλέγω (αυτές). ζυγίζει (αυτά). παίρνει (εγώ). τυλίγει (αυτή). ενδιαφέρει (εσείς).

4

ξέρω (εσείς)

εσάς σας ξέρω

σας ξέρω **εσάς**

δείχνει (αυτό). βλέπει (εμείς). πληρώνω (αυτό). ξέρετε (εγώ). ακούει (αυτή). χαρίζω (αυτά). βρίσκουμε (αυτοί). έχω (αυτό). διαλέγω (αυτές). ζυγίζει (αυτά). παίρνει (εγώ). τυλίγει (αυτή). ενδιαφέρει (εσείς).

5

δείχνετε (εγώ, το εισιτήριο);

μου το δείχνετε;

χαρίζω (εσείς, το βιβλίο). παίρνει (εμείς, τα εισιτήρια). ζυγίζει (αυτοί, τα πορτοκάλια). διαλέγει (αυτή, τα μήλα). λέμε (αυτές, τα νέα — Neuigkeiten). δίνω (αυτή, η σακούλα). χαρίζουμε (εσείς, δυο χιλιάδες δραχμές). βρίσκουμε (εσύ, η φωτογραφία). δείχνουν (αυτό, το πανεπιστήμιο). τυλίγει (αυτός, η σαλάτα).

6

δείχνει, εγώ, το εισιτήριο

α) **σε μένα** δείχνει το εισιτήριο

δείχνει το εισιτήριο **σε μένα**

β) **εμένα μου** δείχνει το εισιτήριο

γ) **εμένα μου** το δείχνει

δ) **εμένα δε μου** το δείχνει

δίνει, εγώ, η σακούλα. χαρίζω, εσύ, το σκόρδο. δείχνεις, εμείς, το σπίτι. φέρνει, εσείς, τα πιστόλια. λέμε, εσύ, το τραγούδι.

7

... ... βάζει ο μανάβης στη σακούλα (σαλάτα).

Τη σαλάτα την βάζει ο μανάβης στη σακούλα.

... ... χαρίζει ο μανάβης στο Γιώργο (σκόρδο). ... ... τυλίγει σε μια εφημερίδα (μήλα). Στην Ελλάδα ... ... ζυγίζουν (μαρούλια, πορτοκάλια, αγγούρια). ... ... βλέπω, ... δεν ... βλέπω (μπαμπάς, μαμά). ... ... διαβάζω, ... δεν ... διαβάζω (βιβλία, εφημερίδες). ... ... πίνει ο Βαγγέλης; Όχι, ... πίνει η Ευαγγελία (καφές). Ο μπαμπάς ... πλένει ... ., αλλά η μαμά ... σκουπίζει (πιάτα).

8

λένε Δημήτρη (εγώ, εσύ)

Εμένα με λένε Δημήτρη, εσένα πώς σε λένε;

λένε Ευτυχία (εγώ, εσύ). λένε Κώστα (αυτός, αυτή). λένε Μιμίκα (αυτή, αυτός). λένε παιδιά (εμείς, εσείς). λένε σκαμνί (αυτό, αυτά).

9 Η κούκλα της Μαρίας.

Η κούκλα της Μαρίας **είναι η κούκλα της· είναι η δική της** κούκλα.

Το πιστόλι του Δημήτρη. Η ζακέτα της μητέρας. Τα τσιγάρα του πατέρα. Ο καφές της Ευτυχίας, αλλά η εφημερίδα του Βαγγέλη. Η ταβέρνα του Μανόλη. Οι φωτογραφίες της Αλίκης. Η μπάλα του Αντώνη. Οι τσίχλες των παιδιών. Οι ομπρέλες των κυρίων, αλλά τα καπέλα των κυριών. Το σπίτι της μητέρας, του πατέρα και των παιδιών. Τα φαγητά της ταβέρνας, αλλά ο λογαριασμός του Γιώργου και της Αντωνίας. Η βέρα, η τσέπη και το εισιτήριο του κυρίου Μηνά.

10 πίνει το ούζο του.

πίνει το **δικό** του ούζο.

Πίνει τη ρετσίνα της. Φέρνει τα πράματά μας. Πάμε με το αυτοκίνητό τους. Αυτό είναι το φαγητό μου. Η μαμά σου πού είναι; Πάντα παίρνει από τα τσιγάρα του. Και τα σπίρτα μου ποιος τα έχει; Παρακαλώ, τη σακούλα σας! Παίζει με τις κούκλες του. Τα πιστόλια τους είναι μεγάλα.

11 Ersetzen Sie το πιστόλι im Lesestück »στο σπίτι« durch a) η κούκλα – die Puppe, b) οι τσίχλες – die Kaugummis und ändern Sie die Pronomina entsprechend.

12 Κοντά σ' αυτούς είναι και οι άλλοι.

Κοντά τους είναι και οι άλλοι.

Μπροστά απ' αυτές έχει και άλλες γυναίκες. Εκεί είναι τα βουνά· πίσω απ' αυτά αρχίζει η θάλασσα. Στην αρχή βλέπω τον Κώστα· μαζί με αυτόν βλέπω και το Γιώργο. Γύρω από την εκκλησία έχει ένα δάσος· απέναντι απ' αυτήν είναι το μανάβικο της Ελένης. Ο Γιάννης ακούει πολύ τη Μαρία· μακριά απ' αυτήν δεν είναι καλά. Γύρω από μας έχει πολλά τραπέζια. Εδώ είστε εσείς, εκεί είναι η ταβέρνα, δηλαδή απέναντι από σας. Δε βλέπεις το λεωφορείο; Κι όμως, είναι μπροστά σε σένα, όχι μπροστά σε μένα. Δεν πηγαίνει ποτέ μόνος του στο πανεπιστήμιο· πάντα μαζί μ' αυτούς. Μεταξύ του Βασίλη και της Μαρίας δεν υπάρχει παρεξήγηση.

13 δε θέλει να ... ακόμα (φεύγω).
δε θέλει να **φύγει** ακόμα.

Δε θέλεις να το ... εσύ, που πάντα θέλεις να είσαι ο πιο έξυπνος (καταλαβαίνω);

Πρέπει να μου ... την εφημερίδα, Γιώργο, γιατί πρέπει να την ... απόψε ακόμα (δίνω, διαβάζω).

Ο μανάβης δε θέλει να ... τη σαλάτα στη νάυλον σακούλα (βάζω).

Αν θέλετε να ... κάτι, πρέπει να ... και το βιβλίο σας (μαθαίνω, φέρνω).

Αν θέλεις να σε ... φωτογραφία, πρέπει να ... πρώτα τη ζακέτα και το καπέλο (βγάζω).

Πρέπει να σας ... άλλο εισιτήριο, γιατί είστε ψεύτης (δίνω).

14 Übersetzung

Der Sitzplatz (η θέση).

Da ist mein Platz!

Nein, das ist mein Platz.

Sie lügen, das ist mein Platz.

Wer lügt hier? Zu wem sagen Sie das?

Zu Ihnen natürlich, zu wem denn sonst?

Zeigen Sie mir bitte Ihre Fahrkarte!

Wem, Ihnen? Sind Sie der Schaffner?

Nein, ich bin nicht der Schaffner, aber das ist mein Platz.

Schon wieder dasselbe. Sie sehen aber nur sich selbst. Das ist jedenfalls mein Platz!

Wer sind Sie eigentlich (τελοσπάντων)?

Was geht das Sie an? Thesiadis.

Wie bitte?

Thesiadis. Und Sie?

Ich verstehe Sie nicht. Thesiadis?

Ja, Thesiadis, so heiße ich, und Sie?

Thesofagos, sehr angenehm (χαίρω πολύ).

Dann ist ja alles o.k.

15 Spielanleitung

Personen: Sie, Busschaffner, weitere Fahrgäste, die Ihr Problem nicht verstehen.

Ort: Ein »Überlandbus«.

Busschaffner:	verlangt von Ihnen für die im Bus zu lösende Fahrkarte 2680 Drachmen.
Sie:	geben einen Fünftausenddrachmenschein und warten auf das Restgeld.
Busschaffner:	verläßt Sie ohne Kommentar.
Sie:	rufen nach Schaffner und Restgeld.
Busschaffner:	verlangt von anderen Fahrgästen das Geld.
Sie:	werden ungeduldig und fragen rundherum, ob es denn üblich sei, so viel Trinkgeld (το μπουρμπουάρ) zu geben.

Weitere Fahrgäste: verstehen Ihr Problem nicht.

Busschaffner:	kommt nach einer Weile, so als ob nichts geschehen wäre, zu Ihnen und händigt Ihnen laut zählend Ihr Restgeld vollständig aus.
Sie:	bedanken sich und sind wieder um eine Erfahrung reicher.

Η Ψαροπούλα

Ξεκινά μια ψαροπούλα
απ' το γιαλό, απ' το γιαλό,
ξεκινά μια ψαροπούλα
απ' την Ύδρα τη μικρούλα
και πηγαίνει για σφουγγάρια
όλο γιαλό, όλο γιαλό.

Das Fischerboot

Ein Fischerboot legt ab
vom Strand, vom Strand,
ein Fischerboot legt ab
von der kleinen Insel Hydra
und fährt zum Schwammfischen
an der Küste entlang.

Η Ψαροπούλα

Έχει μέσα παλικάρια
απ' το γιαλό, απ' το γιαλό,
έχει μέσα παλικάρια
που βουτάνε για σφουγγάρια
γιούσερ κι όμορφα κοράλλια
απ' το γιαλό, απ' το γιαλό.

Έχει Συμιακούς, Καλύμνιους
απ' το γιαλό, απ' το γιαλό.
Έχει Υδραίους καιΠοριώτες,
Αιγινήτες και Σπετσώτες
πού 'ναι όλοι παλικάρια
μες στο γιαλό, μες στο γιαλό.

Γεια χαρά σας, παλικάρια
και στο καλό, και στο καλό,
γεια χαρά σας, παλικάρια
να μας φέρετε σφουγγάρια
γιούσερ κι όμορφα κοράλλια
απ' το γιαλό, απ' το γιαλό.

Darin sind junge Burschen
vom Strand, vom Strand,
darin sind junge Burschen,
die nach Schwämmen tauchen
nach schwarzen und anderen
hübschen Korallen, vom Strand

Es gibt Männer von Symi, Kalymnos
vom Strand, vom Strand,
es gibt Männer von Hydra, Poros,
Aigina und Spetses,
die alle junge Burschen sind
am Strand, am Strand.

Seid gegrüßt, ihr Männer,
lebt wohl, lebt wohl,
seid gegrüßt, ihr Männer,
bringt uns Schwämme mit, schwarze
und andere hübsche Korallen,
vom Strand, vom Strand.

Μουσική και στίχοι:
Δ. Γκόγκου-Μπαγιαντέρα

η σκηνή	Szene
το λεωφορείο	Bus
το εισιτήριο	Fahr-, Eintrittskarte
πώς δε(ν) ...	und ob...
δίπλα	daneben, neben
η τσέπη	(Kleider)tasche
βάζω σε δύσκολη θέση	in eine schwierige Lage bringen
δύσκολος	schwierig
η θέση	Platz
βγάζω εισιτήριο	eine Fahrkarte »ausstellen«, lösen
η φορά	Mal
τρεις φορές	drei Mal
πολλές φορές	oft
κάνω το κορόιδο	den Dummen spielen
το κορόιδο	Gespött
μη(ν)	nicht
το πρόστιμο	(Geld)strafe
η βέρα	Ehering
μια και καλή	ein für allemal
παντρεμένος	verheiratet
το πιστόλι	Pistole
τελοσπάντων	schließlich und endlich
ενδιαφέρω	interessieren (jmd.)
μ' ενδιαφέρει	es interessiert mich
δε μας ενδιαφέρει	es interessiert uns nicht
καλέ	»mein lieber...«
καλέ μαμά	»du, Mama«
το λεπτό	Minute
η μάχη	Schlacht

zu 10B:

η κούκλα	Puppe
η τσίχλα	Kaugummi
κοντά	nahe, in der Nähe
γύρω	rundherum
απέναντι	gegenüber
πλάι	daneben, neben
μακριά	weit weg
μεταξύ	zwischen
μόνος μου	ich alleine, selbst
ο εαυτός μου	ich selbst, »meine Wenigkeit«

zu 10C:

τα νέα	Nachrichten, Neuigkeiten
η θέση	(Sitz)platz
τελοσπάντων	eigentlich
χαίρω πολύ	sehr erfreut, »angenehm«
τα ρέστα	Restgeld
η δικαιοσύνη	Gerechtigkeit
ο επιβάτης	Fahrgast
το μπουρμπουάρ	Trinkgeld

Πονάει το δόντι μου

Ο κύριος **Π**έτρος χτυπάει την πόρτα του ιατρείου:

Π: Μπορώ να μπω; Εδώ είστε, γιατρέ μου;

Γιατρός: Εμπρός! Εδώ είμαι. Πώς πάτε, κύριε Πέτρο;

Π: Γιατρέ μου, δεν είμαι καλά, είμαι άρρωστος.

Γ: Τι έχετε, πού πονάτε;

Π: Ο λαιμός μου πονάει, το στομάχι και το αριστερό πόδι.

Γ: Παράξενο. Ο λαιμός; Μπορώ να τον δω το λαιμό σας;

Π: Φυσικά. Ααα...

Γ: Εντάξει είναι ο λαιμός. Δε μπορώ να βρω τίποτα. Πάντως δεν πρέπει να πίνετε τον καφέ σας καυτό και τη μπίρα παγωμένη.

Π: Ίσα ίσα, γιατρέ! Τον καφέ μου τον πίνω κρύο και τη μπίρα ζεστή.

Γ: Μήπως συνηθίζετε να τραγουδάτε πολύ ή να μιλάτε ή να γελάτε;

Π: Όχι, όχι, ούτε τραγουδάω ούτε μιλάω ούτε γελάω πολύ.

Γ: Μάλλον γρίππη. Το στομάχι; Μπορείτε να τρώτε μουσακά και να πίνετε μαύρο κρασί; Ή μήπως διψάτε πολύ;

Π: Όχι, όχι, ούτε διψάω ούτε πεινάω πολύ, και ούτε ο μουσακάς με πειράζει ούτε το μαύρο κρασί.

Γ: Μάλλον γρίππη. Αλλά γιατί το αριστερό πόδι; Μπορείτε να ανεβοκατεβαίνετε τρέχοντας τα σκαλοπάτια του σπιτιού σας;

Π: Ποιος ο λόγος, αφού το ασανσέρ δουλεύει καλά και δε χαλάει ποτέ;

Γ: Μήπως πηδάτε πολύ;

Π: Όχι, όχι, ούτε πηδάω ούτε περπατάω πολύ. Όπου πάω, πηγαίνω με την ησυχία μου.

Γ: Παράξενο. Φυσάει πολύ εκεί που ζείτε;

Π: Μπα, δε φυσάει στο σπίτι. Ίσα ίσα· δεν κάνει καθόλου ρεύμα.

Γ: Παράξενο. Μήπως ξυπνάτε νωρίς το πρωί και χρησιμοποιείτε χάπια; Τι ώρα πάτε για ύπνο;

Π: Όχι, όχι, ξυπνάω πολύ αργά και δε συνηθίζω να παίρνω χάπια. Και για ύπνο πάω κάθε βράδι στις 10 η ώρα.

Γ: Καπνίζετε;

Π: Μπα, όχι, δεν καπνίζω.

Γ: Πίνετε;

Π: Μπορώ να πω όχι. Λίγη ρετσινούλα, λίγο ουζάκι, αλλά όχι σπουδαία πράματα.

Γ: Το κεφάλι; Πόσων χρονών είστε; Ξεχνάτε εύκολα;

Π: Όχι, μόνο ο λαιμός μου πονάει. Είμαι είκοσι πέντε χρονών.

Γ: Παράξενο. Αλλά γιατί το αριστερό πόδι κι όχι το δεξί; Μήπως το αριστερό πόδι είναι από την καρδιά;

Π: Όχι, η καρδιά μου δεν πονάει ποτέ. Καλά είναι.

Γ: Εννοώ ... η καρδιά, κανένα κορίτσι, καμιά δεσποινίδα· μήπως πονάει το δόντι σας;

Π: Ρωτάτε αν αγαπάω τη Σοφούλα;

Γ: Ναι, αν αγαπάτε τη Σοφούλα ρωτάω.

Π: Μπορώ να μιλήσω ελεύθερα;

Γ: Φυσικά. Γιατρός είμαι, πρέπει να μου τα πείτε όλα.

Π: Τη Σοφούλα την αγαπάω τρελά, γιατρέ μου, αλλά εκείνη δε με αγαπάει.

Γ: Έτσι λοιπόν! Ε τότε, με συγχωρείτε, κύριε Πέτρο μου, αλλά γι' αυτή την αρρώστια δεν είμαι εγώ ο κατάλληλος γιατρός. Και δυστυχώς, σε τέτοιους πόνους, δε βοηθάει ούτε ο οδοντογιατρός.

Ανέκδοτο

Στη Σίφνο λένε ότι οι άνθρωποι ζουν πολλά χρόνια.
Μια φορά ήταν ένας ξένος στο νησί και καθώς έκανε τη βόλτα του, βλέπει ένα γέρο να βγαίνει από ένα σπίτι κλαίγοντας. Πηγαίνει κοντά του και τον ρωτάει: Τι έχετε, κύριε, και κλαίτε; Εκείνος απαντάει: Κλαίω γιατί με δέρνει ο πατέρας μου. Ο ξένος πάει στον πατέρα του γέρου και τον ρωτάει: Γιατί δέρνετε το γιο σας; Η απάντηση: Γιατί βρίζει τον παππού του. Ο ξένος πηγαίνει στον παππού του γέρου και τον ρωτάει: Καλέ κύριε, πόσων χρονών είστε; Και ο παππούς απαντάει: Εγώ δεν ξέρω, αλλά ασφαλώς το ξέρει εκείνος ο παπάς, που ήταν στα βαφτίσια μου.

Παροιμίες

Το ψάρι βρωμάει από το κεφάλι.	Wie der Herr, so's Gescherr.
Ο παπάς ευλογεί πρώτα τα γένια του.	Jeder ist sich selbst der Nächste.

Verben auf -άω bzw. -ώ im Präsens Aktiv

1. Klasse			**2. Klasse**	
Verben auf -άω			Verben auf -ώ	
αγαπάω	lieben		μπορώ	können
αγαπ -	άω	(auch αγαπ- ώ)	μπορ -	ώ
αγαπ -	άς		μπορ -	είς
αγαπ -	άει		μπορ -	εί
αγαπ -	άμε		μπορ -	ούμε
αγαπ -	άτε		μπορ -	είτε
αγαπ -	άν(ε)		μπορ -	ούν(ε)

Anmerkung: Die hier vorgenommene Einteilung muß in einzelnen Fällen den tatsächlichen Sprachzustand vereinfachen. Die Zuordnung eines Verbs zu der einen Klasse schließt also nicht in jedem Fall die seltenere Zugehörigkeit auch zu der anderen Klasse aus.

Die in den Texten vorkommenden Verben, auf diese Klassen verteilt:

1. Klasse

αγαπάω	lieben	περπατάω	spazierengehen
απαντάω	antworten	πηδάω	springen
βοηθάω	helfen	πονάω	schmerzen
βρωμάω	stinken	πουλάω	verkaufen
γελάω	lachen	προχωράω	vorwärtsgehen, -kommen
διψάω	Durst haben	ρωτάω	fragen
κερνάω	spendieren, einladen	σταματάω	stehen bleiben, zum Stehen bringen
μεθάω	sich betrinken	τραγουδάω	singen
μετράω	zählen	φυσάει	es weht, es zieht
μιλάω	sprechen	χαλάω	kaputtgehen, -machen
ξεχνάω	vergessen	χτυπάω	schlagen
ξυπνάω	aufwachen	χωράω	Platz haben
πεινάω	Hunger haben		
περνάω	vorbei-, vorübergehen, verbringen		

2. Klasse

εννοώ	meinen
ενοχλώ	stören, belästigen
ευλογώ	segnen
ευχαριστώ	danken
ζω	leben
μπορώ	können
παρακαλώ	bitten
συγχωρώ	verzeihen
χρησιμοποιώ	gebrauchen, verwenden

Die Bildung des Aoriststammes der Verben auf -άω bzw. -ώ

regelmäßig

-ήσω	
αγαπάω	να αγαπήσ-ω
απαντάω	να απαντήσ-ω
βοηθάω	να βοηθήσ-ω
βρωμάω	να βρωμήσ-ω
εννοώ	να εννοήσ-ω
ενοχλώ	να ενοχλήσ-ω
ευλογώ	να ευλογήσ-ω
ευχαριστώ	να ευχαριστήσ-ω
ζω	να ζήσ-ω
μεθάω	να μεθήσ-ω
μετράω	να μετρήσ-ω
μιλάω	να μιλήσ-ω
ξυπνάω	να ξυπνήσ-ω
περπατάω	να περπατήσ-ω
πουλάω	να πουλήσ-ω
προχωράω	να προχωρήσ-ω
ρωτάω	να ρωτήσ-ω
σταματάω	να σταματήσ-ω
τραγουδάω	να τραγουδήσ-ω
χρησιμοποιώ	να χρησιμοποι-ήσω
χτυπάω	να χτυπ-ήσω

-άσω	
γελάω	να γελάσ-ω
διψάω	να διψάσ-ω
πεινάω	να πεινάσ-ω
χαλάω	να χαλάσ-ω

-έσω	
μπορώ	να μπορέσ-ω
παρακαλώ	να παρακαλέσ-ω
πονάω	να πονέσ-ω
συγχωρώ	να συγχωρέσ-ω
χωράω	να χωρέσ-ω

leicht unregelmäßig

κερνάω	να κεράσ-ω
ξεχνάω	να ξεχάσ-ω
περνάω	να περάσ-ω

πηδάω	να πηδήξ-ω (auch πηδήσω)
φυσάει	να φυσήξ-ει

Unregelmäßige Bildung des Aoriststammes

Präsens Präsensstamm	Konjunktiv Aorist Aoriststamm
πηγαίν -ω	πού θέλετε να πά -τε;
τρώ(γ) -ω	δε θέλω να φά -ω το μουσακά.
ανεβαίν -ω	δε μπορεί να ανεβ -εί τα σκαλοπάτια.
βγαίν -ω	θέλει να βγ -ει απόψε.
βλέπ -ω	θέλουμε να δ -ούμε το γιατρό οπωσδήποτε.
βρίσκ -ω	πού μπορούμε να τον βρ -ούμε;
κατεβαίν -ω	δε μπορούν να κατεβ -ούν με το ασανσέρ.
λέ(γ) -ω	τι θέλεις να μου π -εις;
μπαίν -ω	μπορώ να μπ -ω στο ιατρείο του;
πίν -ω	αυτό το ουζάκι μπορείτε να το πι -είτε.

Die Uhrzeit

Τι ώρα είναι;
Wie spät ist es?

(Η ώρα) είναι έξι

έξι και δέκα

έξι και τέταρτο

έξι και είκοσι πέντε

έξι και μισή
(εξίμισι)

εφτά παρά είκοσι πέντε

εφτά παρά τέταρτο

εφτά παρά δέκα

εφτά (η ώρα)

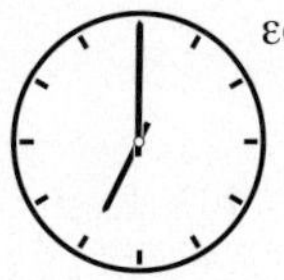

μιάμιση	½ 2	εξίμισι	½ 7
δυόμισι	½ 3	εφτάμισι	½ 8
τρεισήμισι	½ 4	οχτώμισι	½ 9
τεσσερισήμισι	½ 5	εννιάμισι	½ 10
πεντέμισι	½ 6	δέκα και μισή...	½ 11...

το δευτερόλεπτο	die Sekunde
το λεπτό	die Minute
σε πέντε λεπτά πάω για ύπνο	In 5 Minuten gehe ich schlafen.
ξυπνάω στις τέσσερις (η ώρα) κάθε πρωί	Ich wache jeden Morgen um 4 Uhr auf.
π.μ. (προ μεσημβρίας)	0–12 Uhr
μ.μ. (μετά μεσημβρίαν)	12–24 Uhr

Altersangaben

πόσων χρονών είσαι;	Wie alt bist du?
είμαι ογδόντα εφτά	Ich bin 87
τριών χρονών παιδάκι	ein Kind von drei Jahren
τεσσάρων μηνών μωρό	ein Baby von vier Monaten
σε ηλικία εκατό χρονών	im Alter von 100 Jahren

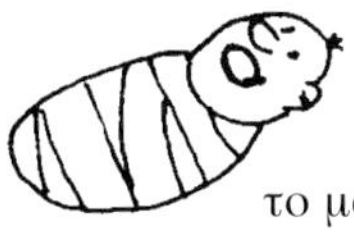

το μωρό

το κορίτσι

το αγόρι

ο μεγάλος

ο γέρος

η γριά

1 Πού πηγαίνει ο κύριος Πέτρος;

Γιατί πηγαίνει ο κύριος Πέτρος στο γιατρό;

Τι του πονάει;

Τραγουδάει, μιλάει ή γελάει πολύ;

Μήπως πονάει το στομάχι του;

Διψάει, πεινάει, πηδάει, περπατάει πολύ;

Πονάει το δεξί ή το αριστερό του πόδι;

Κάνει ρεύμα στο σπίτι του;

Πάει αργά για ύπνο;

Χρησιμοποιεί χάπια;

Πότε ξυπνάει;

Πόσων χρονών είναι;

Καπνίζει;

Πίνει πολύ;

Μήπως πονάει το δόντι του;

Αγαπάει τη Σοφούλα;

Και η Σοφούλα;

Βοηθάει ο οδοντογιατρός σε τέτοιους πόνους;

Γιατί;

Τι κάνετε εσείς, όταν πονάει το δόντι σας;

2 a. Lassen Sie den Arzt seinen Patienten mit »du« anreden und formen Sie entsprechend um.

b. Die Mutter bringt ihre siebzehnjährige Tochter (η κόρη) zum Arzt. Da diese minderjährig ist und mit ihren 17 Jahren hilflos und völlig unselbständig ist (!), antwortet die Mutter für ihre Tochter auf die Fragen des Arztes, der die Tochter mit »du« anredet. Formen Sie entsprechend um.

3 Ο κύριος Πέτρος δεν αγαπάει τη Σοφούλα;

Πώς! Ο κύριος Πέτρος αγαπάει τη Σοφούλα.

Ο κύριος Πέτρος δεν πηγαίνει σ' έναν οδοντογιατρό;

Ο γιατρός δε θέλει να δει το λαιμό του;

Ο κύριος Πέτρος δεν πρέπει να πίνει τη μπίρα ζεστή, όταν πονάει ο λαιμός του;

Όταν χαλάει το ασανσέρ δεν ανεβοκατεβαίνει τα σκαλοπάτια;

Δεν τρέχει ποτέ;

Για τον ύπνο δε χρησιμοποιεί χάπια και λίγο ουζάκι;

Όταν έχει κανείς πονόδοντο δε βοηθάει ο οδοντογιατρός;

4 Ergänzen Sie das Bild mit den im Text vorkommenden Wörtern für Körperteile:

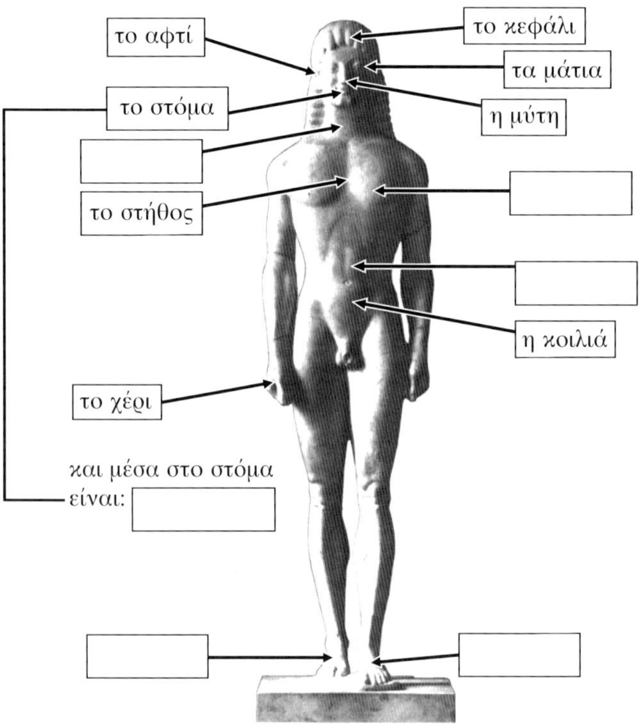

5 Setzen Sie die jeweils passenden Wörter aus dem Kasten ein:

Περπατάμε με ... .

Ακούτε κι εσείς με ...;

Με ... βλέπουμε.

Ο Πέτρος αγαπάει τη Σοφούλα. Πονάει ... .

Έχει χοντρό ..., τραγουδάει πολύ.

Τα φαγητά πρώτα πηγαίνουν ..., μετά...,

μετά ... και μετά ... .

Γελάει πολύ, και πάντα δείχνει ... .

Με ... γελάμε και μιλάμε.

τα μάτια
στο στόμα
τα δόντια
στο στομάχι
τα πόδια
το στόμα
λαιμό
το δόντι του
στο λαιμό
τα αφτιά
στην κοιλιά

6 Ergänzen Sie:

Δεν είμαι καλά. Η κοιλιά ... και το κεφάλι ... . Πηγαίνω στο ... . Αυτός δεν βρίσκει, τι ... είναι. Μου δίνει πολλά ... . Τα παίρνω τρεις φορές την ημέρα, αλλά ... βοηθάνε. Ρωτάω έναν ψυχίατρο. Ούτε εκείνος ... τίποτα. Πηγαίνω ... παθολόγο, ... εντερολόγο, ... καρδιολόγο, ... ορθοπεδικό, ... οφθαλμίατρο, ... μικροβιολόγο, ... ωτορινολαρυγγολόγο. Τίποτα!

Το ... στη Φωτεινή. Εκείνη απαντάει: Δε βλέπεις την κοιλιά σου; Δε σε χωράει το πανταλόνι ... . Ανοίγω τη ζώνη μου και από τότε είμαι ...!

7 μετράω ich zähle siehe S. 74 bzw. 115

Μετράς από το 10 ως το 1:

Μετράει από το 87 ως το 95:

Μετράμε από το 58 ως το 51:

Μετράτε από το 11 ως το 22:

Μετράν από το 76 ως το 84:

8

> Θέλω να σας ... κάτι (ρωτάω).
>
> Θέλω να σας ρωτήσω κάτι.

Πρέπει να με ..., κύριε (συγχωρώ).

Δε μπορώ να το ... (ξεχνάω).

Αν θέλεις να του ..., πρέπει να τον ... . (μιλάω, βρίσκω).

Πρέπει να ... τα πόδια σου, αφού δε δουλεύει το ασανσέρ (χρησιμοποιώ).

Αν θέλετε να ... καλούς μεζέδες, πρέπει να ... στην ταβέρνα του Κρητικού (τρώω, πηγαίνω).

Τι θέλετε να ..., ούζο ή κρασί (πίνω);

Ούτε ούζο ούτε κρασί θέλω να ..., γιατί δε θέλω να ... απόψε (πίνω, μεθάω).

Θέλω να ... λίγο ακόμα (περπατάω).

Πρέπει να ... αυτό το χάπι, γιατί ο λαιμός σας δεν είναι εντάξει (παίρνω).

Απόψε θέλει να μας ... ο Γιώργος (κερνάω).

Αφού ξέρεις να τραγουδάς, μπορείς να μας ... την »Ψαροπούλα« (τραγουδάω).

Αν θέλεις να τον ..., πρέπει να τον ... πρώτα τι έχει (βοηθάω, ρωτάω).

Απόψε η Μαρία και ο Στέφανος θέλουν να ... έξω (βγαίνω). Θέλουν να ... πρώτα από τη Σοφία και το Δημήτρη και μετά να ... και τον Τάκη, που είναι άρρωστος (περνάω, βλέπω).

Πρέπει να με ..., κύριε, αλλά δε θέλω να ... την πόρτα, γιατί φυσάει πολύ (καταλαβαίνω, ανοίγω).

Θέλεις να του ... μόνο ή θέλεις να του ... πως δεν έχει δίκιο (απαντάω, λέω);

Για τα φάρμακα πρέπει να ... από ένα φαρμακείο (περνάω).

Γιατί θέλετε να μου ... ένα τόσο χοντρό καπέλο (πουλάω);

9 Übersetzen Sie:

Wieviel Uhr ist es? Halbzehn morgens oder abends? Wie alt ist der Opa? Jedenfalls älter als dein Opa. Und sein Opa? So zählt man nur auf Sifnos!

10 Übersetzen Sie:

I. **Καλοκαίρι, η ώρα 4 το απόγευμα.**

Α. Ησυχία παρακαλώ! Πιο σιγά το ραδιόφωνο!

Β. Σας ενοχλεί το ρεμπέτικο;

Α. Τέτοια ώρα με ενοχλεί κάθε θόρυβος.

Β. Θόρυβο το λέτε αυτό; Η Χάρη Αλεξίου είναι!

II. **Τροχονόμος και αυτοκινητιστής**

Τ. Γιατί σταματάτε εδώ, κύριε; Απαγορεύεται.

Α. Γιατί;

Τ. Πρώτον το λέει η πινακίδα και δεύτερον δε χωράτε εδώ μέσα.

Α. Και οι άλλοι;

Τ. Τι σας νοιάζει τι κάνουν οι άλλοι; Προχωράτε γρήγορα, σας παρακαλώ!

III. **Ο πονοκέφαλος**

Α. Έχω τρομερό πονοκέφαλο και πονάνε οι αμυγδαλές μου.

Β. Έχεις και πυρετό;

Α. Μάλιστα, περίπου 39.

Β. Και τον περνάς στο πόδι;

Α. Πώς αλλιώς, στο χέρι;

Β. Όχι, στο κρεβάτι εννοώ.

IV. **Πόσων χρονών είναι ο ταβερνιάρης;**

Λεωνίδας: Απόψε κερνάω εγώ.

Στέφανος: Όχι, απόψε κερνάω εγώ.

Λεωνίδας: Και γιατί θέλεις να μας κεράσεις εσύ;

Στέφανος: Μια φορά πρέπει να σας κεράσω κι εγώ. Πάντα εσείς κερνάτε.

Λεωνίδας: Ας τα αυτά τώρα· απόψε κερνάω εγώ.

Στέφανος: Μα γιατί δε μ' αφήνεις να κεράσω εγώ;

Ταβερνιάρης: Εγώ πάντως δε μπορώ να σας ακούω. Απόψε είναι όλα του καταστήματος. Σήμερα έχω τα γενέθλιά μου. Την ταβέρνα την έχω 17 χρόνια. Ο πατέρας μου την είχε 31 χρόνια. Όταν γεννήθηκα (als ich geboren wurde) την είχε τρία χρόνια. Πόσων χρονών είμαι σήμερα;

11 Übersetzung

1. Wenn du krank bist, mußt du zum Arzt gehen.
2. Wenn man Halsschmerzen hat, darf man nicht eiskalte Getränke trinken.
3. Beim Arzt können wir frei sprechen.
4. Entschuldigen Sie, Herr Doktor, aber ich kann nicht zu Fuß gehen. Mir tut der Fuß weh. Verstehen Sie mich nicht? Doch, mein Herr, ich verstehe Sie sehr gut. Sie können sehr gut griechisch. Sie müssen aber etwas zu Fuß gehen, denn bis zur Klinik (η κλινική) fährt kein Bus oder Taxi.

   Dann muß ich mit dem Krankenwagen (το πρώτων βοηθειών) ins Krankenhaus (το νοσοκομείο) fahren.

12 A**ch**ten Sie auf die ri**ch**tige Ausspra**ch**e!

Με συγχωρείτε που χρησιμοποιώ το αριστερό μου χέρι.

Στα ξενοδοχεία συχνά δεν έχει αρκετά σταχτοδοχεία, και αυτά που έχει είναι συνεχώς γεμάτα.

13 Spielanleitung

Beim Hals-Nasen-Ohrenarzt ist Hochbetrieb. Betrachten Sie die Szene aus der Sicht der Arzthelferin.

Sie sind mit dem Arzt und mit dem Patienten konfrontiert, zunächst am Telefon, dann im Vorzimmer und zuletzt im Behandlungszimmer.

Ο Κουταλιανός

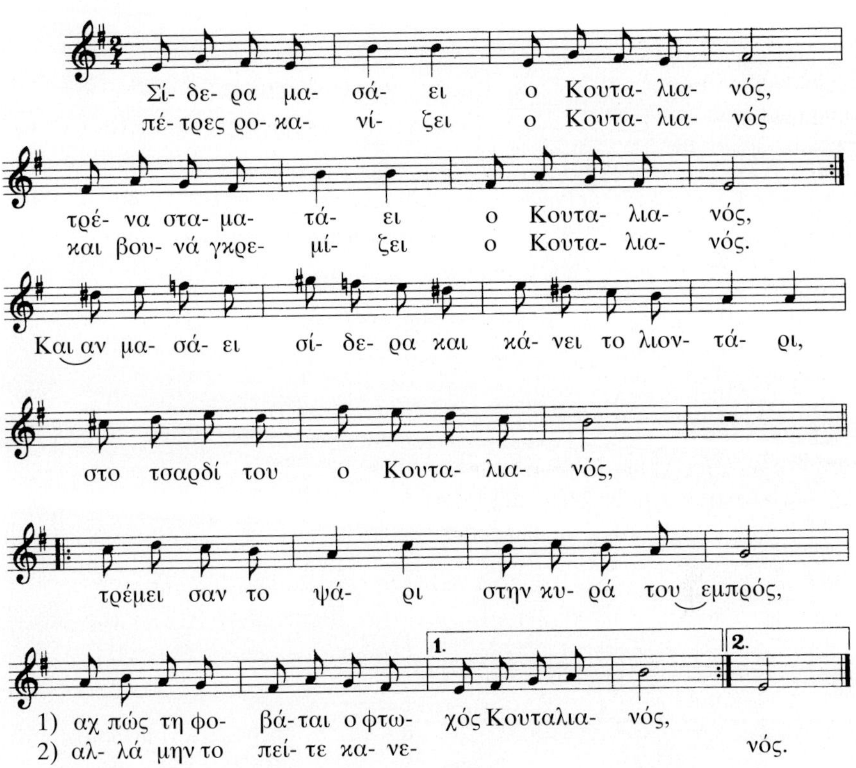

Ο Κουταλιανός

Σίδερα μασάει ο Κουταλιανός,
τρένα σταματάει ο Κουταλιανός,
πέτρες ροκανίζει ο Κουταλιανός
και βουνά γκρεμίζει ο Κουταλιανός.

Και αν μασάει σίδερα και κάνει το λιοντάρι,
στο τσαρδί του ο Κουταλιανός,
τρέμει σαν το ψάρι στην κυρά του εμπρός,
αχ πώς τη φοβάται ο φτωχός Κουταλιανός,
τρέμει σαν το ψάρι στην κυρά του εμπρός,
αλλά μην το πείτε κανενός.

Δένεται σε κόμπους ο Κουταλιανός,
καταπίνει γλόμπους ο Κουταλιανός,
είναι παλικάρι ο Κουταλιανός,
τίγρη και λιοντάρι ο Κουταλιανός.

Και αν μασάει σίδερα ...

Der Mann aus Kutali

Eisen kaut er, der Mann aus Kutali
Züge bringt er zum Stehen, der Mann aus Kutali
Steine nagt er, der Mann aus Kutali
und Berge bringt er zum Einsturz, der Mann aus Kutali.

Und wenn er auch Eisen kaut und den Löwen spielt,
in seiner Hütte zittert der Mann aus Kutali
vor seiner Frau wie ein Fisch,
ach, wie der arme Mann aus Kutali vor ihr Angst hat,
er zitttert vor seiner Frau wie ein Fisch,
aber sagt es niemandem!

Zu Knoten läßt er sich fesseln, der Mann aus Kutali,
Glühbirnen schluckt er, der Mann aus Kutali,
ein junger Held ist er, der Mann aus Kutali
ein Tiger und Löwe, der Mann aus Kutali.

Μουσική: Μ. Λοΐζος
Στίχοι: Λ. Παπαδόπουλος

Kutalianos, wie ihn der Maler Theophilos gesehen hat

Ο Κουταλιανός
Panagis aus Kutali, einer Insel bei Istanbul, war ein berühmter Schwergewichtler und Ringer, dessen Ruhm als zweiter Herakles in Europa und Übersee gegen Ende des vergangenen Jahrhunderts seinen Körperkräften entsprach und heute noch zu »Schlagern« anregt.

πονάω	schmerzen, Schmerzen haben
πονάει το δόντι μου	1. ich habe Zahnweh, 2. ich bin verliebt (meist ironisch)
χτυπάω	schlagen, hier: anklopfen
το ιατρείο	Arztpraxis
μπορώ	können
γιατρέ μου!	Anrede des Arztes bei persönlicher Bekanntschaft
γιατρέ!	Herr Doktor!
άρρωστος	krank
ο λαιμός	Hals
το στομάχι	Magen
το πόδι	Fuß, Bein
αριστερός, ή, ό	links
παράξενος	komisch, merkwürdig
παράξενο!	komisch, merkwürdig (Adv.)
φυσικός	natürlich
καυτός	kochend heiß
παγωμένος	eiskalt
ίσα ίσα	im Gegenteil
συνηθίζω να ...	...gewöhnlich
συνηθίζω	sich gewöhnen
τραγουδάω	singen
μιλάω	sprechen

γελάω	lachen
η γρίππη	Grippe
διψάω	Durst haben
ο μουσακάς	Mussakas (Auberginen-Hackfleischauflauf)
μαύρο κρασί	Rotwein
πειράζω	jmd. ärgern, necken, aufziehen
δεν πειράζει	es schadet nicht, macht nichts
ανεβοκατεβαίνω	hinauf- und hinuntergehen
τα σκαλοπάτια	Stufen
το ασανσέρ	Aufzug
χαλάω	kaputtmachen, -gehen
πηδάω	springen, hüpfen
περπατάω	spazierengehen
η ησυχία	Ruhe
φυσάει	es zieht, weht
ζω	leben
μπα!	ach was! nein!
το ρεύμα	Luftzug, Strom, Strömung
κάνει ρεύμα	es zieht
ξυπνάω	aufwachen, aufwecken
νωρίς	früh
χρησιμοποιώ	verwenden, gebrauchen
το χάπι	Tablette, Pille

τι ώρα πάτε για ύπνο;	Um wieviel Uhr gehen Sie schlafen?
ο ύπνος	Schlaf
σπουδαίος	wichtig
πόσων χρονών είστε;	Wie alt sind Sie?
ξεχνάω	vergessen
δεξιός, -ά, -ό(-ί)	rechts
εννοώ	meinen
το κορίτσι	Mädchen
ρωτάω	fragen
αγαπάω	lieben
ελεύθερος	frei
τρελός	verrückt, wahnsinnig
συγχωρώ	verzeihen
η αρρώστια	Krankheit
κατάλληλος	geeignet
ο πόνος	Schmerz
βοηθάω	helfen
το ανέκδοτο	Witz, Anekdote
η Σίφνος	Sifnos
λένε	man sagt
ότι	daß
μια φορά	einmal
ήταν	er, sie, es war, sie waren
το νησί	Insel
καθώς	wie, als, während
κάνω βόλτα	spazierengehen
έκανε	er machte
η βόλτα	Spaziergang

κλαίω	weinen
κλαίγοντας	weinend
δέρνω	schlagen
ο γιός	Sohn
βρίζω	schimpfen, beschimpfen
ο παππούς	Großvater
τα βαφτίσια	Taufe
βρωμάω	stinken
ευλογώ	segnen
τα γένια	Bart

zu 11B

το τέταρτο	Viertel
το δευτερόλεπτο	Sekunde
το παιδάκι	Kindchen
το μωρό	Baby
η ηλικία	Alter
το αγόρι	Junge
η γριά	alte Frau

zu 11C

μετράω	zählen
το πράσινο	das Grüne
μεθάω	sich betrinken
το φαρμακείο	Apotheke
πουλάω	verkaufen
το στόμα	Mund
το στήθος	Brust
το χέρι	Hand
το μάτι	Auge
η μύτη	Nase
η κοιλιά	Bauch
ο ψυχίατρος	Nervenarzt

Καινούριες λέξεις

ο παθολόγος	praktischer Arzt
ο εντερολόγος	Internist
ο καρδιολόγος	Kardiologe
ο ορθοπεδικός	Orthopäde
ο οφθαλμίατρος	Augenarzt
ο μικροβιολόγος	Bakteriologe
ο ωτορινολαρυγγολόγος	Hals-Nasen-Ohrenarzt
δε με χωράει	es paßt mir nicht
το παντελόνι	Hose
η ζώνη	Gürtel
το απόγευμα	Nachmittag
ενοχλώ	stören, belästigen
το ρεμπέτικο	bestimmte Art griech. Volkslied
ο θόρυβος	Lärm
η Χάρη Αλεξίου	eine der bekanntesten griechischen Rembetikosängerinnen
το σταχτοδοχείο	Aschenbecher
ο τροχονόμος	Verkehrspolizist
ο αυτοκινητιστής	Autofahrer
σταματάω	stehenbleiben, anhalten
απαγορεύεται	es ist verboten
η πινακίδα	Schild
δεύτερον	zweitens
χωράω	passen, Platz finden, fassen
με νοιάζει	es interessiert mich, es geht mich an

προχωράω	vorwärts-, weitergehen, -fahren, fortschreiten
ο πονοκέφαλος	Kopfweh
τρομερός	furchtbar
οι αμυγδαλές	die Mandeln
ο πυρετός	Fieber
περίπου	ungefähr
περνάω	vorbeigehen, -kommen
τον περνάω στο πόδι	auf den Beinen verbringen, d.h. bei Fieber nicht ins Bett gehen
το κρεβάτι	Bett
αλλιώς	sonst, anders
ο ταβερνιάρης	Wirt einer Taverne
κερνάω	jmd. einladen, einen ausgeben
ας τα!	laß das!
αφήνω	lassen
τα γενέθλια	Geburtstag
είχε	er, sie, es hatte
όταν γεννήθηκα	als ich geboren wurde
η κλινική	(Privat)klinik
το πρώτων βοηθειών	Krankenwagen
η βοήθεια	Hilfe
το νοσοκομείο	Krankenhaus
το ξενοδοχείο	Hotel
συχνά	oft, häufig

Πάει και η Μαριάννα

Ο Μιχάλης παίρνει τη Μαριάννα στο τηλέφωνο.

Μιχάλης: Αύριο θα πάμε στη θάλασσα. Θα είναι μαζί μας η Ελενίτσα, η Αγγελικούλα, η Πόπη, ο Αντρέας, ο Λεφτέρης, ο Νίκος και ο Όμηρος. Καλή παρέα! Έχεις καιρό, Μαριάννα;

Μαριάννα: Αδύνατο, Μιχάλη, δεν ξέρεις πως ...

Μιχάλης: Μα θα είναι πολύ ωραία, Μαριάννα! Θα πάμε με τον ηλεκτρικό στον Πειραιά. Από εκει θα πάρουμε τη βενζίνα για την Αίγινα, κατευθείαν Αγιά Μαρίνα. Όποιος θέλει, θα ψαρέψει με μια βάρκα ή με το ψαροτούφεκο. Οι επιμελείς θα πάνε στα αρχαία με το γαϊδουράκι ή με τα πόδια. Οι τεμπέληδες θα μείνουν στο γιαλό, θα ξαπλώσουν στον ήλιο και θα κάνουν ηλιοθεραπεία. Πού και πού θα βουτάνε και στη θάλασσα. Δεν έχεις όρεξη;

Μαριάννα: Όρεξη λέει; Πώς δεν έχω όρεξη, αλλά ...

Μιχάλης: Η Πόπη, η Ελενίτσα και ο Λεφτέρης θα πάρουν μάλλον τον ανήφορο για τα αρχαία. Σε όλο το δρόμο θα ιδρώνουν βέβαια λιγάκι, αλλά πάνω η θέα θα τους αποζημιώσει. Η Ελενίτσα, που σπουδάζει αρχαιολογία, θα τους δείξει το ναό της Αφαίας Αθηνάς και θα τους εξηγήσει την ιστορία της Αίγινας. Έλα μαζί μας!

Μαριάννα: Δυστυχώς δε θα μπορέσω, Μιχάλη, αύριο ...

Μιχάλης: Ο Νίκος, ο Αντρέας και ο Όμηρος σίγουρα θα ψαρέψουν. Θα ζητήσουν, όπως την άλλη φορά, από κανέναν ψαρά κανένα δόλωμα και μια βάρκα, θα ρίξουν το αγκίστρι τους εκεί στα βράχια και δε θα πιάσουν τίποτα εκτός από μερικά φύκια. Εγώ δε θα φύγω, αλλά θα μείνω, όπως συνήθως, μαζί σου στην αμμουδιά. Θα κολυμπάμε, θα παίζουμε με τις ρακέτες, θα σε πασαλείβω εγώ με το λάδι, θα με πασαλείβεις εσύ με το λάδι, θα διαβάσουμε καμιά εφημερίδα ή κανένα περιοδικό και θα περάσουμε πολύ ωραία.

Μαριάννα: Μα δεν ξέρεις, Μιχάλη, πως αύριο θα μείνουμε στα καυσαέρια της Αθήνας; Μετά την τελετή γονείς, συγγενείς και φίλοι θα φάμε έξω, και ...

Μιχάλης: Κατά τις δυόμισι θα γυρίσουν και οι οδοιπόροι και οι ψαράδες μας, θα φάμε στην ταβέρνα του Σωκράτη, θα ακούσουμε κανένα τραγούδι, θα χορέψουμε κανένα χασάπικο, θα πιούμε κανένα ποτηράκι, θα ξαναπέσουμε για λίγο στη θάλασσα και κατά το βραδάκι θα γυρίσουμε με τη βενζίνα στην Αθήνα. Αλλά για ποια τελετή μιλάς και ότι θα φάμε έξω;

Μαριάννα: Μα δεν ξέρεις πως παντρεύομαι; Και όλη η παρέα είναι καλεσμένη.

Μιχάλης: Τι; Παντρεύεσαι; Δηλαδή πάει η Αίγινα, αλλά πάει και η Μαριάννα!

Das Futur

Vorbemerkung: Das Futur bringt auch im Griechischen Zukünftiges zum Ausdruck. Und zwar wird strenger als im Deutschen wirklich Zukünftiges immer auch durch Verbformen der Zukunft ausgedrückt. Ein Satz wie »heute abend gehen wir aus« entspricht im Griechischen immer dem Satz »heute abend werden wir ausgehen« (απόψε θα βγούμε). Entsprechend den für den Konjunktiv gültigen Regeln wird der Aspekt der Dauer bzw. Wiederholung beim nicht auf ein bestimmtes Ziel gerichteten zukünftigen Ereignis mit den Verbformen des **Präsensstammes**, der Aspekt der Einmaligkeit beim auf ein bestimmtes Ziel gerichteten Ereignis mit den Verbformen des **Aoriststammes** ausgedrückt.

Die Bildung der Verbformen des Futurs entsprechen den »Konjunktivformen« mit να mit dem Unterschied, daß den Futurformen in der Regel die Partikel **θα** vorausgeht.

1. Futur des Präsensstammes (Dauer — Wiederholung — Verlauf)

θα διαβάζ-	ω	κάθε μέρα τρεις ώρες Ich werde jeden Tag drei Stunden lernen.
θα διαβάζ-	εις	τα γράμματά μου; Wirst du meine Briefe lesen?
θα διαβάζ-	ει	ελληνικά βιβλία το καλοκαίρι Er wird im Sommer griechische Bücher lesen.
θα διαβάζ-	ουμε	κάθε πρωί εφημερίδα. Wir werden jeden Morgen Zeitung lesen.
θα διαβάζ-	ετε	το κείμενο ένας ένας καθαρά. Sie werden den Text einer nach dem anderen deutlich lesen.
θα διαβάζ-	ουν	και θα γράφουν συνεχώς. Sie werden fortwährend lesen und schreiben.

2. Futur des Aoriststammes (einmalig — zielgerichtet)

θα διαβάσ-	ω	πολύ για τις εξετάσεις μου. Auf meine Prüfung werde ich viel lernen.
θα διαβάσ-	εις	κι εσύ αυτό το βιβλίο; Wirst auch du dieses Buch lesen?
θα διαβάσ-	ει	τώρα το περιοδικό της. Sie wird jetzt ihre Illustrierte lesen.
θα διαβάσ-	ουμε	τα νέα στην εφημερίδα. Wir werden die Neuigkeiten in der Zeitung lesen.
θα διαβάσ-	ετε	ποτέ Μίκυ Μάους; Werdet ihr jemals Micky Maus lesen?
θα διαβάσ-	ουν	όλες τις μικρές αγγελίες. Sie werden alle Kleinanzeigen lesen.

In mit **άμα**, **σαν**, **όταν** – wenn, als, **αν** – wenn oder **μόλις** – sobald eingeleiteten Nebensätzen kann θα beim Futur auch wegfallen.

άμα (θα) τρέξεις, θα προλάβεις το τρένο
Wenn du dich beeilst, schaffst du den Zug.

όταν (θα) ρίξουν το αγκίστρι τους στα βράχια, δε θα πιάσουν τίποτα
Wenn sie ihre Angel bei den Felsen auswerfen, werden sie nichts fangen.

αν (θα) δούμε πως δεν υπάρχει φαγητό, θα φύγουμε αμέσως
Wenn wir sehen, es gibt nichts zu essen, gehen wir gleich (wieder).

μόλις (θα) φάμε και πιούμε κάτι, το στομάχι μας θα είναι καλά
Sobald wir was essen und trinken, wird es mit unserem Magen (wieder) in Ordnung sein.

Zusätzliche unregelmäßige Aoristbildung bei im Textstück vorkommenden Verben:

Präsens Präsensstamm	**Futur des** Aoriststammes
βουτά -ω	θα βουτήξ -ω τώρα στη θάλασσα.
μέν -ω	θα μείν -ω απόψε εδώ.
παίζ -ω	θα παίξ -ουμε κανένα τάβλι;
πέφτ -ω	θα πέσ -εις ξανά στη θάλασσα;
φεύγ -ω	θα φύγ -ει αμέσως.

Ähnlich wie καφές καφέδες gehen: (siehe oben, 6B)

Singular	**Plural**	**Beispiel**
Maskulina		
-άς	-άδες	ψαράς – ψαράδες Fischer
-ούς	-ούδες	παππούς – παππούδες Großvater
-ης	-ηδες	a) νοικοκύρης – νοικοκύρηδες Hauswirt auch τεμπέλης – τεμπέληδες Faulpelz b) φούρναρης – φουρνάρηδες Bäcker
-τζής	-τζήδες	καφετζής – καφετζήδες Kaffeehauswirt
(-τσής	-τσήδες)	
Feminina		
-ά	-άδες	γιαγιά – γιαγιάδες Großmutter
-ού	-ούδες	μαϊμού – μαϊμούδες Affe, Äffin

Adjektive auf -ης

	Singular		Plural	
	Mask / Femin.	Neutr.	Mask / Femin.	Neutr.
Nom.	επιμελής	επιμελές	επιμελείς	επιμελή
Gen.	επιμελούς	επιμελούς	επιμελών	επιμελών
Akk.	επιμελή	επιμελές	επιμελείς	επιμελή

So auch ο συγγενής, οι γονείς

1 ❐ Ποιον παίρνει στο τηλέφωνο ο Μιχάλης;

❐ Πού λέει ο Μιχάλης πως θα πάνε αύριο;

❐ Ποιοι θα είναι μαζί με το Μιχάλη;

❐ Πώς θα πάνε από την Αθήνα στην Αίγινα;

❐ Πώς πηγαίνει κανείς στα αρχαία της Αίγινας;

❐ Σε ποιον θα δείξει η Ελενίτσα τα αρχαία της Αίγινας;

❐ Τι θα κάνουν οι άλλοι;

❐ Τι θα κάνει ο Μιχάλης στην αμμουδιά;

❐ Τι ώρα θα φάει η παρέα και πού;

❐ Αρέσει στη Μαριάννα το σχέδιο (der Plan) του Μιχάλη;

❐ Θα πάει στην Αίγινα η Μαριάννα και όλη η άλλη παρέα;

❐ Γιατί;

		σωστό	λάθος
2	Η παρέα θα πάει με το αυτοκίνητο στην Αίγινα.	❐	❐
	Η παρέα θα μπει στην Αθήνα στον ηλεκτρικό και θα βγει στον Πειραιά.	❐	❐
	Στην αμμουδιά θα μείνει ο Μιχάλης και η Μαριάννα.	❐	❐
	Η Μαριάννα δεν έχει όρεξη για την Αίγινα.	❐	❐
	Οι τεμπέληδες θα πάνε στα αρχαία.	❐	❐
	Ο Λεφτέρης, η Πόπη και η Ελενίτσα θα ψαρέψουν.	❐	❐
	Ο Νίκος, ο Αντρέας και ο Όμηρος θα δείξουν στο Μιχάλη το ναό της Αφαίας Αθηνάς.	❐	❐
	Ο Μιχάλης θα ψαρεύει με τις ρακέτες και θα παίζει με το αγκίστρι.	❐	❐
	Θα γυρίσουν κατά το βραδάκι στην Αθήνα.	❐	❐

3 Setzen Sie das Textstück in die Gegenwart, wobei Sie Wörter wie »morgen« u.ä. weglassen.

4 μανάβης / ζυγίζω / ντομάτες

Ο μανάβης **θα ζυγίζει τις** ντομάτες.

— Η Ελενίτσα, ο Νίκος, ο Λεφτέρης / είμαι / μια καλή παρέα. — τεμπέληδες / ξαπλώνω / αμμουδιά. — ψαράδες / δεν πιάνω / ψάρια, αλλά φύκια. — εμείς / τρώω / ταβέρνα του Σωκράτη. — εσύ / χορεύω / γάμος της Μαριάννας; — εσείς / πέφτω και ξαναπέφτω / θάλασσα. — ο Μιχάλης / διαβάζω / περιοδικό και εφημερίδα. — παιδιά / παίζω / μπάλα.

5 εμείς / πηγαίνω / ο Πειραιάς, ηλεκτρικός

εμείς **θα πάμε στον** Πειραιά **με τον** ηλεκτρικό.

εσύ / δείχνω / εμείς, βαποράκι. — ο Γιώργος / εξηγώ / η Μαριάννα, τα αρχαία. — ο Πέτρος, ο Νίκος / ρίχνω / αγκίστρι, θάλασσα. — ο Μιχάλης / κολυμπάω / η Αίγινα, η Αγγελικούλα. — ο Μιχάλης / βλέπω / αύριο, η Μαριάννα. — εμείς / μπαίνω / βενζίνα / και φεύγω / αμέσως. — η Μαριάννα / μένω / η Αθήνα, γάμος. — παρέα / χορεύω χασάπικο, πίνω ρετσίνα, τρώω ψάρια / ταβέρνα του Σωκράτη. — εγώ / παίρνω / ανήφορος, όχι γαϊδουράκι. — θέα / αποζημιώνω / η Πόπη, η Ελενίτσα, ο Λεφτέρης. — τεμπέληδες / κάνω / ηλιοθεραπεία, αμμουδιά. — αύριο, η Μαριάννα, παρέα / τρώω και πίνω / έξω. — μάθημα / αρχίζω / η ώρα τρεις. — ο Γιώργος / δεν πληρώνω / μανάβης, φρούτα. — εσύ / σπουδάζω / αρχαιολογία, η Αθήνα ή η Θεσσαλονίκη; — απόψε όλη η παρέα / βγαίνω. — Τι / μου / λέω / εσύ;

6 Ändern Sie das Präsens in Futur je nach Möglichkeit und übersetzen Sie:

Στο γάμο της η Μαριάννα φωνάζει όλη την παρέα. Κανείς δεν πάει στην Αίγινα ούτε μένει στο σπίτι. Όλοι μπαίνουν στην εκκλησία για την τελετή. Η νύφη (Braut) είναι ντυμένη με ένα άσπρο μεταξωτό φόρεμα (Seidenkleid) και ένα μικρό καπέλο, και ο γαμπρός (Bräutigam) με μαύρο κοστούμι (Anzug) και παπιγιόν (Fliege). Οι συγγενείς και οι φίλοι είναι όλοι χαρούμενοι. Μόνον ο Μιχάλης είναι λυπημένος, γιατί δεν του αρέσει ο γαμπρός. Η Μαριάννα μένει γι' αυτόν η πιο καλή του φίλη. Πάντως ο γάμος είναι πολύ ωραίος. Όλοι ιδρώνουν βέβαια λιγάκι γιατί κάνει πολλή ζέστη, αλλά μετά την τελετή βγαίνουν έξω. Η ταβέρνα του Νίκου τους αποζημιώνει. Εκεί τρώνε και πίνουν και χορεύουν και ξαναϊδρώνουν και ξαναπίνουν στην υγειά της νύφης και του γαμπρού. Περνάμε όλοι πολύ ωραία και ο Μιχάλης ξεχνάει τον καημό (Kummer) του, τη Μαριάννα και την Αίγινα. Η Πόπη του λέει κάτι στο αφτί και στη Μύκονο πηγαίνει οπωσδήποτε κανένα βαποράκι.

7 Der 2. Buchstabe der jeweils verlangten **griechischen** Verbform des Futurs des Aoriststamms (beim 4., 9., 10. und 18. Wort der 1. Buchstabe) ergibt das Thema der Übung.

1) er wird dorthin gehen
2) ich werde es anzünden
3) er wird es ihm geben
4) ihr werdet es erfahren
5) wir werden dich (mit)nehmen
6) ich werde ihn bezahlen
7) sie werden es trinken
8) sie wird es sagen
9) er wird studieren
10) sie werden drängeln

11) er wird uns anhalten
12) wir werden es sehen
13) ich werde ihm aufmachen
14) du wirst mich verstehen
15) es wird ihm wehtun
16) er wird uns ein Lied singen
17) ich werde mit ihm sprechen
18) wir werden es zerreißen
19) er wird sofort zu Hause ankommen
20) wir werden einen Chassapiko tanzen

8 Übersetzen Sie:

Morgen gehe ich in die Stadt und kaufe für das Wochenende (το Σαββατοκύριακο) ein. Am Sonntag haben wir vier Freunde zum Essen bei uns zu Hause. Sie essen alle sehr gern und sind alle Feinschmecker (ο καλοφαγάς). Ich glaube, daß es ihnen bei uns gut schmeckt. Ich hoffe, auch griechische Fische zu finden für eine Fischsuppe (η ψαρόσουπα) mit Eier-Zitronen-Sauce (το αυγολέμονο). Dann gibt es Auberginenauflauf und zum Nachtisch (το ντεσέρ) Chalvás. Charálambos wird die Getränke bestellen (παραγγέλνω — θα παραγγείλω) und mir kochen (μαγειρεύω) helfen. Tanzen und singen werden wir nach dem Essen, denn, wie man so schön sagt: »νηστικό αρκούδι δε χορεύει«.

9 Schreiben Sie einen Aufsatz zum Thema ο Επαμεινώντας θα ψαρέψει.

Ein paar Wörter, die Sie dabei verwenden könnten:

το δόλωμα	Köder	το μπαρμπούνι	Barbe
το παραγάδι	Angelhakenschnur	το λαβράκι	Meerwolf
το δίχτυ	Netz	ο ξιφίας	Schwertfisch

το καμάκι	Harpune	η μαρίδα	»Marida«: kleiner Fisch
το αγκίστρι	Angelhaken		
πιάνω ψάρια	Fische fangen	η γλώσσα	Seezunge
το ψάρεμα	Fischen	το μαγιό	Badehose, -anzug

Ντούκου - ντούκου μηχανάκι

Ντούκου - ντούκου μηχανάκι

Σκίζει η πλώρη τα νερά
και αντηχάνε τα βουνά
ντούκου - ντούκου μηχανάκι
ντούκου το παλιό μεράκι.

Τρίτη, Πέμπτη και Σαββάτο
μες στης θάλασσας τον πάτο
ποιος θα ρίξει, ποιος θα πάρει
τ' ασημένιο το φεγγάρι;

Tucker - Tucker

Weiß durchfurcht der Bug das Meer
vom Gebirge hallt´s zurück
Tucker - tucker kleiner Kutter
tucker pocht das alte Sehnen.

Dienstags, donnerstags und samstags
auf den tiefen Grund des Meeres
Wer wirft aus und wer wird holen
ihn, den Silberglanz des Mondes.

Χάιντε - χάιντε βρε παιδιά πάμε στην Αγιά Μαρίνα πάμε στην Αγιά Μαρίνα με την όμορφη βενζίνα!	Vorwärts Leute fahren wir auf geht´s nach Aja Marina auf geht´s nach Aja Marina mit dem schönen Motorkutter.
Και Δευτέρα και Τετάρτη ποιος θ' ανέβει στο κατάρτι και άχου την Παρασκευή ποιος θα κάτσει στο κουπί;	Und wer klettert montags, mittwochs auf den schlanken Mast des Bootes Ach und wer wird freitags dann wer wird dann am Ruder sitzen?
Βρε παπά, το θυμιατό σου γύρισέ το κατά δω και με το βασιλικό σου ράντισέ μας το νερό.	Lieber Pope sei so freundlich schwenk dein Weihrauchfaß hierher Und besprenge uns mit deinem Zweig Basilikum das Meer.
Χάιντε - χάιντε βρε παιδιά ...	Vorwärts Leute fahren wir ...
Νά 'βγουν και να περπατήσουν σαν κορίτσια οι νερατζιές και όλοι οι άντρες να αγαπήσουν μια και δυο και τρεις φορές.	Daß die Pomeranzenbäume Mädchen gleich spazierengehen Und daß einmal, zweimal, dreimal, lieben wird ein jeder Mann.
Σκίζει η πλώρη τα νερά ...	Weiß durchfurcht der Bug das Meer ...
Χάιντε - χάιντε βρε παιδιά ...	Vorwärts Leute fahren wir ...

Μουσική: Λίνος Κόκοτος
Στίχοι: Οδυσσέας Ελύτης

(Aus Odysseas Elytis, Lieder der Liebe, neugriechisch und deutsch. Übertragen von Hans Eideneier. Bibliothek Suhrkamp Bd. 745. Frankfurt/M. 1981.)

Καινούριες λέξεις

πάει και η Μαριάννα	auch Marianna ist abhanden gekommen
παίρνω στο τηλέφωνο	anrufen
αδύνατος	schwach
αδύνατο	unmöglich
ο ηλεκτρικός	Athener U-Bahn
ο Πειραιάς	Piräus
η βενζίνα	Motorboot
κατευθείαν	direkt
όποιος	wer (relat.)
τα αρχαία	Altertümer
αρχαίος	antik, uralt
ψαρεύω	fischen
η βάρκα	Boot
το ψαροτούφεκο	Harpune
επιμελής	fleißig
ο τεμπέλης	Faulpelz, Fauler
ο γιαλός	Strand
ξαπλώνω	sich hinlegen
η ηλιοθεραπεία	Sonnenbad
πού και πού	hin und wieder
βουτάω	tauchen
όρεξη λέει	natürlich habe ich Lust (Appetit)
ο ανήφορος	Anstieg
ο δρόμος	Weg, Straße
ιδρώνω	schwitzen
λιγάκι	etwas, ein bißchen
η θέα	Blick, Aussicht
αποζημιώνω	entschädigen
η αρχαιολογία	Archäologie
ο ναός	Tempel
η Αφαία Αθηνά	Afaia Athene
εξηγώ	erklären
η ιστορία	Geschichte
έλα!	komm!
ζητάω	suchen, bitten, verlangen
την άλλη φορά	beim letzten, vorigen Mal
ο ψαράς	Fischer
το δόλωμα	Köder
το αγκίστρι	Angelhaken
ρίχνω	werfen
τα βράχια	die Felsen
πιάνω	fangen, fassen, greifen
εκτός από	außer
τα φύκια	Tang
η αμμουδιά	Sandstrand
κολυμπάω	schwimmen
η ρακέτα	Schläger für Ballspiele
πασαλείβω	einschmieren
τα καυσαέρια	Abgase
η τελετή	Feier
οι γονείς	Eltern
ο συγγενής	Verwandter
έξω	draußen, außer Haus
κατά	gegen (bei Zeitangaben)
ο οδοιπόρος	Wanderer
το χασάπικο	Metzgertanz
το ποτηράκι	Glas »Gläschen«

ξαναπέφτω	wieder »fallen«
πέφτω	fallen
το βραδάκι	Abend
παντρεύομαι	ich heirate
παντρεύεσαι	du heiratest
καλεσμένος	eingeladen

zu 12B

το κείμενο	Text
ένας ένας	einer nach dem anderen
καθαρός	sauber, deutlich
η αγγελία	Annonce
άμα	wenn, als
σαν	wenn, als, wie
μόλις	sobald, gerade
προλαβαίνω	erreichen
ο νοικοκύρης	Hauswirt
ο φούρναρης	Bäcker
ο καφετζής	Kaffeehauswirt
η γιαγιά	Großmutter
η μαϊμού	Affe, Äffin

zu 12C

η άσκηση	Übung
το σχέδιο	Plan
ο ανήφορος	Anstieg, Steigung
ο γάμος	Hochzeit
η νύφη	Braut
είμαι ντυμένος	gekleidet sein, angezogen sein
μεταξωτός	seiden
ο γαμπρός	Bräutigam
το κοστούμι	Anzug
το παπιγιόν	Fliege, Papillon
χαρούμενος	fröhlich, froh
λυπημένος	traurig
ο καημός	Kummer
το βαποράκι	kleines Schiff
το Σαββατοκύριακο	Wochenende, »Samstag-Sonntag«
η Κυριακή	Sonntag
ο καλοφαγάς	Feinschmecker
ελπίζω	hoffen
η ψαρόσουπα	Fischsuppe
το αυγό	Ei
το λεμόνι	Zitrone
το αυγολέμονο	Eier-Zitronen-Sauce
το ντεσέρ	Nachtisch
μαγειρεύω	kochen
το αρκούδι	Bär

Anmerkung zur Orthographie griechischer Wörter

Viele Fremdwörter im Deutschen kommen aus dem Griechischen: Die meisten Wörter mit einem f-Laut, der als ph (Photograph, Phrase, Philharmonie), r-Laut, der als rh (Rhetorik, Katarrh) oder t-Laut, der als th (Anthropologie, Ästhetik, Orthopädie, katholisch) geschrieben wird, dazu sehr viele Wörter, die mit einem y geschrieben werden wie hysterisch, Hymne, Hypnose oder Hieroglyphe.

So gut wie alle Wörter, die im Deutschen ausgehen auf:

-ik: Kritik, Politik, Hektik, Dialektik, Technik, Mechanik, Ästhetik, Pädagogik, Klinik, Phonetik, Musik, Mathematik, Physik, Genetik, Botanik, Grammatik,

-ma: Klima, Komma, Thema,

-atisch: klimatisch, emphatisch, thematisch, sympatisch, demokratisch, mathematisch, automatisch, phlegmatisch, bzw. viele Wörter auf -isch: technisch, kritisch, mechanisch, politisch, historisch, empirisch, chemisch, hysterisch, erotisch, exotisch, evangelisch, frenetisch, panisch, typisch, energisch, elektrisch,

-logie: Philologie, Anthropologie, Technologie, Ethnologie, Pharmakologie, Physiologie, Kardiologie, Gynäkologie, Neurologie, Psychologie, Archäologie, Meteorologie, Geologie, Zoologie, Theologie, Morphologie, Ökologie

-sophie: Philosophie, Anthroposophie,

-archie: Hierarchie, Oligarchie, Anarchie,

-manie: Megalomanie, Kleptomanie, Pyromanie,

-kratie: Demokratie, Technokratie,

-graphie: Stenographie, Seismographie, Orthographie, Geographie, Photographie.

Wörter, die beginnen mit:

Ana-: Analyse, Analogie, anachronistisch, Anatomie,.

Apo-: Apokalypse, Apotheke, Apostel, Apostroph,

Epi-: Epidemie, Epigramm, Episode,

Kata-: Katalog, Katalysator, Katarakt, Katarrh,

Para-: Paragraph, Parabel, parallel,

Peri-: Periode, Peripherie, Periskop,

Sym/Syn-: Symbol, sympathisch, Symmetrie, Symphonie, Synthese, Synonym,

Hypo-: Hypothek, Hypothese, Hypochonder.

Daneben stammen so bekannte Wörter wie Auto, Banause, Bibliothek, Chaos, Chemie, Diskothek, Energie, Enzyklopädie, Hemisphäre, Komödie, Krise, Lexikon, Methode, Mikroskop, Orthodoxie, Orthopäde, Pädagoge, Polizei, polyglott, Praxis, Problem, Programm, Psychiater, Theater, Theorie, Tragödie, Zoo aus dem Griechischen.

Der Großteil dieser Wörter wird im Deutschen nach Regeln geschrieben, die auf eine erschlossene altgriechische Aussprache zurückgehen. Dabei entspricht:

ein griechisches η einem deutschen e: βιβλιοθ**ή**κη – Bibliothek, Αθ**ή**να – Athen, δ**η**μοκρατία – Demokratie,

ein griechisches αι einem deutschen ä: π**αι**δαγωγός – Pädagoge, **αι**σθητική – Ästhetik,

ein griechisches ι einem deutschen i: κλ**ι**ν**ι**κή – Klinik,

ein griechisches υ einem deutschen y: φ**υ**σική – Physik, τ**ύ**πος – Typ,

ein griechisches ει einem deutschen ei: σ**ει**σμογραφία – Seismographie,

ein griechisches οι einem deutschen ö: **οι**κονομία – Ökonomie, **οι**κολογία – Ökologie.

Zusammen mit Grundkenntnissen der griechischen Wortstruktur (z.B. daß das Wortende -η als Endung eines Substantivs bzw. -ει als Endung einer Verbform erkannt wird) erleichtert die Kenntnis der deutschen Rechtschreibung der genannten und anderer Fremdwörter die griechische Rechtschreibung entscheidend.

Beispiel: griechisch πολιτική bzw. μηχανική können, wenn die deutschen Wörter »Politik« bzw. »Mechanik« bekannt sind, im Griechischen nur mit den richtigen i-Lauten geschrieben werden. Bei richtiger Ausnützung dieser Kenntnisse und der Aneignung der Grundkenntnisse der griechischen Wortstruktur hat die griechische Or**th**ogra**ph**ie einen beachtlichen Teil ihrer Schwierigkeiten verloren.

A

αγαπάω	lieben
αγάπη, η	Liebe
αγγελία, η	Annonce
αγγουράκι, το	kleine Gurke
αγγούρι, το	Gurke
αγγουροντοματοσαλάτα, η	Gurken-Tomaten-Salat
αγκίστρι, το	Angelhaken
αγιόκλημα, το	Geißblatt
αγοράζω	kaufen
αγόρι, το	Junge
αγώνας, ο	Kampf
άδειος	leer
αδιάβροχο, το	Regenmantel
αδύνατος	schwach
αέρας, ο	Wind
αθλητικός	sportlich
αίμα, το	Blut
αιρ κοντίσιον, το	Klimaanlage
ακόμα	noch
ακουστικό, το	Hörgerät, Hörer (beim Telefon)
ακούω	hören
ακριβός	teuer
ακριβώς	genau (Adv.)
άκρο, το	Spitze, Ende, Rand
ακρογιάλι, το	Strand
αλάτι, το	Salz
αλλά	aber, sondern
αλλιώς	sonst, anders
άλλος	anderer
άμα	wenn, als
αμέσως	sofort
αμμουδιά, η	Sandstrand
αμυγδαλές, οι	Mandeln
αμυγδαλιά, η	Mandelbaum
αν	wenn, ob

ανάβω	anzünden
ανάγκη, η	Notwendigkeit
ανακατώνω	mischen, durcheinanderbringen
ανεβαίνω	hinaufgehen
ανεβοκατεβαίνω	hinauf- und hinuntergehen
ανέκδοτο, το	Witz, Anekdote
άνηθος, ο	Dill
ανήφορος, ο	Anstieg, Steigung
άνθρωπος, ο	Mensch
ανοίγω	öffnen, aufmachen
άνοιξη, η	Frühling
αντηχώ	hallen
άντρας, ο	Mann
απάντηση, η	Antwort
απέναντι	gegenüber
από	von, aus, seit, ab, je
απόγευμα, το	Nachmittag
αποζημιώνω	entschädigen
απόψε	heute abend, heute nacht
αργά	spät
αργεντινός	argentinisch
αργώ	sich verspäten
αρέσω	gefallen
αριστερά	links, nach links
αριστερός	links, link-
αρκετός	genügend
αρκούδι, το (αρκούδα, η)	Bär
αρνάκι, το	Lamm
αρραβωνιαστικός, ο	Verlobter
αρρώστια, η	Krankheit
άρρωστος	krank
αρχαία, τα	Altertümer, Altgriechisch

αρχαιολογία, η	Archäologie
αρχαίος	antik, uralt
αρχή, η	Anfang
αρχίζω	beginnen, anfangen
ασανσέρ, το	Aufzug
ασημένιος	silbern
άσκηση, η	Übung
άσπρος	weiß
ασφαλώς	sicher
άσχημος	häßlich, schlecht
ατελιέ, το	Atelier
άτομο, το	Person
αυγό, το	Ei
αυγολέμονο, το	Eier-Zitronen-Sauce
αυλή, η	Hof
αύριο	morgen
αυτοκινητιστής, ο	Autofahrer
αυτοκίνητο, το	Auto
αυτός	dieser
αφήνω	lassen
αφορμή, η	Vorwand
αφού	nachdem, weil, wo doch
αφτί, το	Ohr
αχλάδι, το	Birne

Β

βάζω	setzen, stellen, legen
βαποράκι, το	kleines Schiff, Motorboot
βάρκα, η	Boot
βασιλικός, ο	Basilikum
βαφτίσια, τα	Taufe
βγάζω	herausziehen, ausziehen, »verdienen«
βγάζω εισιτήριο	Fahrkarte ausstellen, lösen
βγάζω φωτογραφία	fotografieren
βγαίνω	hinausgehen, -kommen, herausgehen, -kommen
βδομάδα, η	Woche
βέβαια	sicher, natürlich
βεβαίως	sicherlich
βενζίνα, η	Motorboot
βενζίνη, η	Benzin
βέρα, η	Ehering
βιαστικός	eilig
βιβλίο, το	Buch
βλέπω	sehen
βοηθάω	helfen
βοήθεια, η	Hilfe
βόλτα, η	Spaziergang
βουνό, το	Berg
βουτάω	tauchen
βραδάκι, το	Abend, gegen abend
βράδι, το	Abend, abends
βραδιά, η	Abend
βράζω	kochen, sieden
βράχια, τα	Felsen
βρίζω	schimpfen, beschimpfen
βρίσκω	finden
βροχή, η	Regen
βρύση, η	Wasserhahn, Wasserleitung
βρωμάω	stinken

Γ

γαϊδούρι, το	Esel
γάλα, το	Milch

γάμος, ο	Hochzeit
γαμπρός, ο	Bräutigam, (Schwiegersohn, Neuvermählter, Schwager)
γάτα, η	Katze
γάτος, ο	Kater
γεια σου!	grüß dich!
γεια χαρά	sei(d) gegrüßt!
γείτονας, ο	Nachbar
γειτονιά, η	Viertel, Nachbarschaft
γελάω	lachen
γεμάτος	voll
γεμίζω	füllen
γενέθλια, τα	Geburtstag
γένια, τα	Bart
Γερμανία, η	Deutschland
Γερμανίδα, η	Deutsche
γερμανικός	deutsch
Γερμανός, ο	Deutscher
γέρος, ο	alter Mann, Greis
γερός	rüstig
για	für, über, um
γιαγιά, η	Großmutter
γιαλός, ο	Strand
γιαούρτι, το	Joghurt
γιατί	weil
γιατί;	warum?
γιατρός, ο	Arzt
γι' αυτό	darum, deshalb
γιος, ο	Sohn
γιούσερ	schwarze Koralle
γκαρσόνι, το	Kellner
γκρεμίζω	stürzen
γκρίζος	grau
γλάστρα, η	Blumentopf
γλόμπος, ο	Glühbirne
γλυκό, το	Süßigkeit, »Nachtisch«
γλυκός	süß
γλώσσα, η	Zunge, Sprache, Seezunge
γλωσσοδέτης, ο	Zungenbrecher
γνωρίζω	wissen, kennen
γονείς, οι	Eltern
γοργόνα, η	Meerjungfrau, Nixe
γράμμα, το	Brief
γραμμάρια, τα	Gramm (Plur.)
γραμματική, η	Grammatik
γραφείο, το	Büro, Schreibtisch
γράφω	schreiben
γρήγορος	schnell
γριά, η	alte Frau
γρίππη, η	Grippe
γυναίκα, η	Frau
γυρίζω	sich drehen, zurückkehren
γύρος, ο	Runde, Spießfleisch, »Gyros«
γύρω	rundherum
γωνιά, η	Ecke

Δ

δάκρυ, το	Träne
δασολογία, η	Forstwirtschaft
δασολόγος, ο	Forstwirtschaftler
δάσος, το	Wald
δείχνω	zeigen
δε(ν)	nicht
δένομαι	sich fesseln, sich binden
δεξιά	rechts, nach rechts
δεξιός	rechts
δέρνω	schlagen
δεσποινίς, η (δεσποινίδα, η)	Fräulein

Δευτέρα, η	Montag
δευτερόλεπτο, το	Sekunde
δεύτερον	zweitens
δηλαδή	das heißt
διαβάζω	lesen
διαλέγω	auswählen
διάλειμμα, το	Pause
διαφορά, η	Unterschied
διδάσκω	lehren
διευθύνω	leiten
δικαιοσύνη, η	Gerechtigkeit
δίνω	geben
δίπλα	daneben, neben
δίχτυ, το	Netz
διψάω	Durst haben
δόλωμα, το	Köder
δόντι, το	Zahn
δόξα τω θεώ	Gott sei Dank
δουλειά, η	Arbeit
δουλεύω	arbeiten
δράμα, το	Drama
δρόμος, ο	Weg, Straße
δροσερός	kühl, erfrischend
δύναμη, η	Kraft, Macht
δυνατά	kräftig, laut
δυνατός	mächtig, kräftig
δύο, δυο	zwei
δύσκολος	schwierig
δυστυχώς	leider
δωμάτιο, το	Zimmer

Ε

εαυτός μου, ο	ich selbst
εβδομάδα, η	Woche
εγώ	ich
εδώ	hier, hierhin
εθνικός ύμνος	Nationalhymne
εισιτήριο, το	Fahrkarte, Eintrittskarte
ειδήσεις, οι	Nachrichten
εκεί	dort, dorthin
εκείνος	jener
εκκλησία, η	Kirche
εκτέλεση, η	Zubereitung
εκτός από	außer
έλα!	komm!
ελαφρός	leicht
ελάχιστος	geringster
ελεύθερος	frei
ελιά, η	Olive
Ελλάδα, η	Griechenland
Έλληνας, ο	Grieche
Ελληνίδα, η	Griechin
ελληνικός	griechisch
ελπίδα, η	Hoffnung
ελπίζω	hoffen
εμείς	wir
εμπρός	vorwärts, »hallo« (am Telefon)
ένα	eins
εναντίον	gegen
ένας ένας	einer nach dem anderen
ενδιαφέρω	interessieren (jmd.)
εννοώ	meinen
ενοχλώ	stören, belästigen
εντάξει	in Ordnung
εντερολόγος, ο	Internist
εντωμεταξύ	inzwischen, währenddessen
ενώ	obwohl, während
εξέταση, η	Prüfung
εξηγώ	erklären
έξυπνος	klug
έξω	draußen, raus
επάνω	oben
έπειτα	dann, danach, später

επιβάτης, ο	Fahrgast
επιμελής	fleißig
επιτέλους	endlich
έργο, το	Werk
εργοστάσιο, το	Fabrik
ερώτηση, η	Frage
εσείς	ihr, Sie
εστιάτορας, ο	Gastwirt
εσύ	du
έτοιμος	fertig
έτσι	so
ευκαιρία, η	Gelegenheit
εύκολος	leicht
ευλογώ	segnen
Ευρώπη, η	Europa
ευτυχώς	zum Glück, glücklicherweise
ευχαριστώ	danken
ευχαρίστως	gern
εφημερίδα, η	Zeitung
έχει	es gibt
έχω	haben
έχω ανάγκη από	brauchen
έχω δίκιο	recht haben

Z

ζακέτα, η	Jacke
ζάχαρη, η	Zucker
ζεστός	heiß, warm
ζητάω	suchen, bitten, verlangen
ζήτω ...	hoch lebe ...
ζουμπούλι, το	Hyazinthe
ζυγίζω	abwiegen, abwägen
ζω	leben
ζωγραφίζω	malen
ζωγράφος, ο	Maler
ζωή, η	Leben
ζώνη, η	Gürtel

H

ή	oder
ηλεκτρικός, ο	(Athener) U-Bahn
ηλικία, η	Alter
ηλιοθεραπεία, η	Sonnenbad
ήλιος, ο	Sonne
ησυχία, η	Ruhe
ήρωας, ο	Held

Θ

θάλασσα, η	Meer
θαύμα, το	Wunder
θαύμα!	wunderbar!
θέα, η	Blick, Aussicht
θέατρο, το	Theater
θέατρο σκιών, το	Schattenspiel
θέλω	wollen
θέση, η	Platz, Sitzplatz
θόρυβος, ο	Lärm
θυμιατό, το	Weihrauchfaß

I

ιατρείο, το	Arztpraxis
ίδιος,	derselbe, selbst
ιδιότροπος	merkwürdig, eigenartig
ιδρώνω	schwitzen
ίσα ίσα	im Gegenteil
ίσκιος, ο	Schatten
ιστορία, η	Geschichte
ίσως	vielleicht

K

καημένος	armer
καημός, ο	Kummer
καθαρίζω	reinigen
καθαρός	sauber, deutlich
κάθε	jeder
καθένας, ο	jeder
καθόλου	überhaupt (nicht)
κάθομαι	sitzen, sich setzen
καθρέφτης, ο	Spiegel
καθυστέρηση, η	Verspätung
καθώς	wie, als, während
και	und, auch
καΐκι, το	»Kaiki«, Motor-, Segelboot
καινούριος	neu
καιρός, ο	Zeit, Wetter
κακός	schlecht, schlimm
καλάθι, το	Korb
καλάθι αχρήστων, το	Papierkorb
καλεσμένος	eingeladen
καλοκαίρι, το	Sommer
καλός	gut
στο καλό!	leb(t) wohl
καλοφαγάς, ο	Feinschmecker
καλύτερος	besser
καμάκι, το	Harpune
κάμπος, ο	Feld
κανείς	irgendeiner, niemand
κάνω	machen, tun
καπέλο, το	Hut
καπνίζω	rauchen
κάποιος	jemand, irgendeiner, ein gewisser
κάπου	irgendwohin, irgendwo
κάπως	irgendwie
καράβι, το	Schiff
Καραγκιόζης, ο	Karagöz-Schattenspiel
καρδιά, η	Herz
καρδιολόγος, ο	Kardiologe
καρότο, το	Karotte, Möhre
καταλαβαίνω	verstehen
κατάλληλος	geeignet
καταπίνω	schlucken
καταραμένος	verflucht
κατάρτι, το	Schiffsmast
κατάσταση, η	Zustand
κατάστημα, το	Geschäft
καταστρέφω	zerstören, vernichten
κατσαρόλα, η	Kochtopf
κατεβαίνω	hinabgehen, hinabsteigen
κατευθείαν	direkt
κάτι	etwas
κάτω	unten
καυσαέρια, τα	Abgase
καυτερή πιπεριά, η	Feuerschote
καυτερός	scharf
καυτός	kochend heiß
καφενείο, το	Kaffeehaus
καφές, ο	Kaffee
καφετζής, ο	Kaffeehauswirt
κείμενο, το	Text
κερδίζω	gewinnen
κερνάω	spendieren, einladen, anbieten
κεφάλι, το	Kopf
κεφτές, ο	Hackfleischbällchen
κιλό, το	Kilo
κίνδυνος, ο	Gefahr

κίνηση, η	Verkehr, Bewegung
κιόλας	schon
κίτρινος	gelb
κλαίω	weinen
κλασικός	klassisch
κλήρωση, η	Ziehung
κλίμα, το	Klima
κλινική, η	(Privat)klinik
κόβω	schneiden
κοιλιά, η	Bauch
κοιτάζω	ansehen, anschauen
κόκκινος	rot
κοκορέτσι, το	Innereien vom Spieß
κολυμπάω	schwimmen
κομματάκι, το	Stückchen
κομπολόι, το	Spielkette
κόμπος, ο	Knoten
κοντά	nahe, in der Nähe
κοντός	kurz, klein
κοπανίζω	zerstampfen
κοπελιά, η	Mädchen
κοράλλι, το	Korralle
κορδέλα, η	Band, Kordel
κορίτσι, το	Mädchen
κορόιδο, το	Gespött
κόσμος, ο	Leute, Welt
κοστούμι, το	Anzug
κουζίνα, η	Küche
κουζίνα ηλεκτρική, η	Elektroherd
κούκλα, η	Puppe
κουπέ, το	Abteil
κουπί, το	Ruder
κουταλάκι, το	Teelöffel
κουτάλι, το	Löffel
κουταλιά, η	Löffelvoll
κρασί, το	Wein
κρεβάτι, το	Bett
κρέας, το	Fleisch
κρέμα, η	Creme, Sahne
κρεμάω	hängen, aufhängen
κρίμα!	schade!
κρίμα, το	Schmach
κρύος	kalt
κύβος, ο	Würfel
κύκνος, ο	Schwan
κύμα, το	Welle
κυρία, η	Frau, Dame
Κυριακή, η	Sonntag
κύριος, ο	Herr
κωμωδία, η	Komödie

Λ

λαβράκι, το	Meerwolf
λάδι, το	Öl
λάθος, το	Fehler
λαιμός, ο	Hals
λάμπα, η	Lampe
λάμπω	erstrahlen, strahlen
λάχανο, το	Kohl
λείπω	fehlen
λειτουργία, η	Gottesdienst
λεμονάδα, η	Limonade
λεμόνι, το	Zitrone
λεπτό, το	Minute
λεπτός	fein, zart
λεφτά, τα	Geld
λέω	sagen
λέω ψέματα	lügen
λεωφορείο, το	Bus
λιγάκι	etwas, ein bißchen
λίγος	wenig, etwas

λίμνη, η	See, der
λιοντάρι, το	Löwe
λιοπύρι, το	Sonnenglut
λογαριασμός, ο	Rechnung
λόγια, τα	Worte
λοιπόν	also (folgernd)
λουρίδα, η	Band
λυπημένος	traurig
λύση, η	Lösung

M

μα	aber
μάγειρας, ο	Koch
μαγειρεύω	kochen
μαγιό, το	Badehose, -anzug
μάζα, η	Masse
μαζί	zusammen
μαθαίνω	lernen
μάθημα, το	Unterricht
μαθητής, ο	Schüler
μαϊμού, η	Affe, Äffin
μακαρόνια, τα	Teigwaren, Nudeln, Makkaroni
μακριά	weit weg
μακρύς	weit, lang
μάλιστα	ja, sehr wohl, »ganz recht«, »jawohl«
μάλλον	wohl, wahrscheinlich, sehr wahrscheinlich
μαμά, η	Mama
μανάβης, ο	Gemüsehändler
μανάβικο, το	Obst- und Gemüseladen
μαρίδα, η	Marida (kleiner Fisch)
μάρμαρο, το	Marmor
μαρούλι, το	Kopfsalat
μασάω	kauen
μάτι, το	Auge
ματσάκι, το	kleiner Bund
μαύρος	schwarz
μαχαίρι, το	Messer
μαχαιριά, η	Messerstich
μαχαιροπίρουνα, τα	Besteck
μαχαλάς, ο	Viertel (Nachbarschaft)
μάχη, η	Schlacht
με	mit
Μεγαλέξαντρος, ο	Alexander der Große
μεγάλος	groß, alt, erwachsen
μεγαλύτερος	größer, älter
μεγάφωνο, το	Lautsprecher
μεζές, ο	Vorspeise, Häppchen
μεθάω	sich betrinken
μελιτζάνα, η	Aubergine, Eierfrucht
μένω	bleiben, wohnen
μέρα, η	Tag
μερικοί	einige
μέσα	drinnen, darin, hinein
μέση, η	Mitte
μεσημέρι, το	Mittag
Μεσόγειος (θάλασσα), η	Mittelmeer
μετά	danach, dann
μεταξύ	zwischen
μεταξωτός	seiden
μετράω	zählen
μήλο, το	Apfel
μη(ν)	nicht
μήνας, ο	Monat

μήπως;	vielleicht?
μηχανή, η	Apparat
μικροβιολόγος, ο	Bakteriologe
μικρός	klein, jung
μικρούλης, ο	Kleiner
μιλάω	sprechen
μισός	halb
μόλις	sobald, gerade, kaum
μοναστήρι, το	Kloster
μόνο	nur
μόνος	allein
μοντέρνος	modern
μοσχάρι, το	Rind
μουσακάς, ο	Mussakas
μουσική, η	Musik
μπα!	ach was, nein!
μπαγιάτικος	alt (bei Lebensmitteln)
μπαίνω	hineingehen, -kommen, hereingehen, -kommen
μπακλαβάς, ο	Baklava-Süßigkeit
μπάλα, η	Ball
μπαλέτο, το	Ballett
μπαλκόνι, το	Balkon
μπαμπάς, ο	Papa
μπαρμπούνι, το	Barbe
μπάσκετ, το	Basketball
μπαταρία, η	Batterie
μπερές, ο	Baskenmütze
μπίρα, η	Bier
μπλε	blau
μπορώ	können
μπουζούκι, το	Busuki
μπουκιά, η	Bissen
μπουρμπουάρ, το	Trinkgeld
μπράβο	bravo
μπροστά	vorne
μυζήθρα, η	Quark
μύτη, η	Nase
μωρό, το	Baby

N

ναι	ja
νανουρίζω	in den Schlaf wiegen
ναός, ο	Tempel
νάυλον, το	Plastik
ναύτης, ο	Matrose, Seemann
νέα, τα	Nachrichten, Neuigkeiten
νέος	jung, neu
νερατζιά, η	Pomeranzenbaum
νερό, το	Wasser
νευριάζω	sich aufregen
νησί, το	Insel
νηστεύω	fasten
νηστικός	nüchtern
νιώθω	fühlen, empfinden
με νοιάζει	es geht mich an
νοικοκύρης, ο	Hauswirt
νομίζω	glauben, meinen
νόμισμα, το	Münze
νοσοκομείο, το	Krankenhaus
νόστιμος	schmackhaft
νούμερο, το	Ziffer, Größe (bei Kleidungsstücken)
ντεσέρ, το	Nachtisch
ντολμαδάκια, τα	Dolmadakia
ντομάτα, η	Tomate
νυχτερινός	nächtlich, Nacht-
νύφη, η	Braut

νύχτα, η	Nacht
νωρίς	früh

Ξ

ξαναλέω	wiederholen
ξαναρωτώ	immer wieder fragen
ξαπλώνω	sich hinlegen
ξαφνικά	plötzlich
ξεκινάω	ablegen, losgehen, -fahren
ξενιτιά, η	Fremde, die
ξενοδοχείο, το	Hotel
ξένα, τα	fremde Länder, Fremde
ξένος, ο	Ausländer, Fremder, Gast
ξέρω	wissen
ξεχνάω	vergessen
ξεχωριστός	getrennt, einzeln
ξίδι, το	Essig
ξινός	sauer, säuerlich
ξιφίας, ο	Schwertfisch
ξύλο, το	Holz
ξυπνάω	aufwachen, aufwecken

Ο

οδηγός, ο	Führer, Fahrer
οδοιπόρος, ο	Wanderer
οδοντογιατρός, ο	Zahnarzt
ολημερίς	den ganzen Tag über
όλοι	alle
όλος	ganz
ομάδα, η	Gruppe, Mannschaft
ομορφιά, η	Schönheit
όμορφος	hübsch
ομπρέλα, η	Schirm
όμως	doch, aber
όνειρο, το	Traum
όποιος	wer (rel.), wer auch immer
όπου	wo
οπωσδήποτε	unbedingt, auf jeden Fall
όρεξη, η	Appetit
ορθοπεδικός, ο	Orthopäde
ορίστε	bitte sehr
όσοι	alle die
όταν	wenn, als
ότι	daß
ουζάκι, το	etwas Uso
ούζο, το	Uso (Anisschnaps)
ουρανός, ο	Himmel
ούτε	und nicht, auch nicht, nicht einmal
ούτε ... ούτε	weder ... noch
οφθαλμίατρος, ο	Augenarzt
όχι	nicht, nein

Π

παγωμένος	eiskalt
παγωνιά, η	Kälte (eisige)
παγωτό, το	Eis, Speiseeis
πάει	geht, ist weg, bringt
παθολόγος, ο	praktischer Arzt
παιδάκι, το	kleines Kind
παιδί, το	Kind
παιδικό	kindlich, Kinder-
παίζω	spielen
παινεμένος	gelobt
παίρνω	nehmen, bekommen

παίρνω (στο) τηλέφωνο	anrufen, telefonieren
παιχνίδι, το	Spiel, Spielzeug
πάλι	wieder, wiederum
παλικάρι, το	junger Bursche
παλιός	alt (bei Sachen)
πανεπιστήμιο, το	Universität
πάντα	immer
πανταλόνι, το	Hose
παντζάρι, το	rote Beete, rote Rübe
πάντως	jedenfalls
πάνω	oben
παξιμάδι, το	Zwieback
παπάς, ο	Pfarrer, Priester
πάπια, η	Ente
παπιγιόν, το	Fliege, Papillon
παπούτσι, το	Schuh
παππούς, ο	Großvater
παραγάδι, το	Angelhakenschnur
παραγγελία, η	Bestellung
παραγγέλνω	bestellen
παρακαλώ	bitten
παρακάτω	weiter
παράξενος	komisch, merkwürdig
παραπάνω	darüber hinaus
Παρασκευή, η	Freitag
παρέα, η	Gesellschaft, Clique
παρεξήγηση, η	Mißverständnis
παροιμία, η	Sprichwort
πασαλείβω	einschmieren
πατάτα, η	Kartoffel
πατάτες του φούρνου	Ofenkartoffeln
πατάω	treten
πατέρας, ο	Vater

πάτος, ο	Grund, Boden
πάτωμα, το	Fußboden, Stockwerk
παύω	aufhören, beenden
πάω	gehen, bringen
πέδιλα, τα	Sandalen
πεθερά, η	Schwiegermutter
πεθερός, ο	Schwiegervater
πεινάω	Hunger haben
πειράζω	ärgern, necken, aufziehen
πελάτης, ο	Kunde
πελάτισσα, η	Kundin
Πέμπτη, η	Donnerstag
πέντε	fünf
πέρα	drüben
περασμένος	vergangen
περιβολάκι, το	Gärtchen
περιμένω	warten
περιοδικό, το	Zeitschrift
περίπου	ungefähr
περισσότερος	mehr
περνάω	vorbei-, vorübergehen, verbringen
περπατάω	(spazieren)gehen
πέτρα, η	Stein
πετσέτα, η	Serviette
πέφτω	fallen
πηγαίνω	gehen
πηδάω	springen, hüpfen
πιάνω	fangen, fassen, greifen
πιάτο, το	Teller
πικρός	bitter
πίνακας, ο	Gemälde, Tafel
πινακίδα, η	Schild
πίνω	trinken
πιπέρι, το	Pfeffer

πιπεριά, η	Peperoni
πιρούνι, το	Gabel
πιστεύω	glauben, meinen
πιστόλι, το	Pistole
πίσω	hinten
πλάι	daneben, neben
πλένω	waschen, abwaschen, spülen
πληγή, η	Wunde
πληρώνω	bezahlen
πλούσιος	reich
πλώρη, η	Bug
πόδι, το	Fuß, Bein
ποδοσφαιριστής, ο	Fußballspieler
ποδόσφαιρο, το	Fußball
ποιος;	wer?
πόλη, η	Stadt
πολλές φορές	oft
πολύ	sehr
πολύς	viel
πονάω	schmerzen, Schmerzen haben
πονοκέφαλος, ο	Kopfweh
πόνος, ο	Schmerz
ποντίκι, το	Maus
πόρτα, η	Tür
πορτοκάλι, το	Apfelsine
πόσο;	wieviel?
πόσος;	wieviel?
ποτάμι, το	Fluß
ποτέ	jemals, nie
πότε;	wann?
ποτηράκι, το	Gläschen
ποτήρι, το	Glas, Becher
ποτίζω	bewässern, gießen
ποτό, το	Getränk
πού;	wo, wohin?
που	»wo« (rel. Pronomen), daß
πού και πού	hin und wieder
πουθενά	irgendwo, irgendwohin, nirgends, nirgendwohin
πουλάω	verkaufen
πούντος;	wo ist er?
πράμα, το	Sache
πράσινος	grün
πρέπει	muß
πρόβειος	Schafs-
πρόγραμμα, το	Programm
προλαβαίνω	erreichen
προσέχω	aufpassen, bemerken
προσθέτω	hinzufügen
πρόστιμο, το	(Geld)strafe
προχωράω	vorwärtsgehen, -kommen, fahren, fortschreiten
πρωί το	Morgen, morgens
πρώτα	zuerst, zunächst
πρώτων βοηθειών, το	Krankenwagen
πυρετός, ο	Fieber
πυρκαγιά, η	Brand
πωλήτρια, η	Verkäuferin
πως	daß
πώς	wie? doch
πώς δε(ν)	und ob

Ρ

ραδιοφωνία, η	Radio, Rundfunkanstalt
ραδιόφωνο, το	Radio

ρακέτα, η	Schläger für Ballspiele
ραντίζω	besprengen
ρεκλάμα, η	Reklame
ρεμπέτικο, το	Rembetiko-Lied
ρεπορτάζ, το	Reportage
ρέστα, τα	Restgeld
ρετσίνα, η	Retsina (geharzter Wein)
ρεύμα, το	Luftzug, Strom, Strömung
ρίγανη, η	Origano
ρίχνω	werfen
ροκανίζω	nagen
ρύζι, το	Reis
Ρωμιός, ο	Grieche
ρωτάω	fragen

Σ

Σάββατο, το	Samstag
Σαββατοκύριακο, το	Wochenende
σακάκι, το	Jackett
σακίδιο, το	Rucksack
σακούλα, η	Tüte
σαλάτα, η	Salat
σα(ν)	wenn, als, wie
σάπιος	faul, verdorben
σαρδέλα, η	Sardelle
σε	in, an, auf, nach, bei, zu
σήμερα	heute
σιγά σιγά	langsam
σίγουρα	sicher
σίδερο, το	Eisen
σκαλί, το	Treppenstufe
σκαλοπάτια, τα	Stufen
σκαμνί, το	Hocker
σκελίδα, η	Zehe (bei Knoblauch)
σκέτος (καφές), ο	Kaffee ohne Zucker, pur
σκηνή, η	Szene
σκίζω	zerreißen
σκληρός	hart
σκοινί, το	Seil
σκοπός, ο	Melodie
σκόρδο, το	Knoblauch
σκουπίζω	fegen, abputzen, abtrocknen
σκούρος	dunkel
σκυλί, το	Hund
σκύλος, ο	Hund
σούπα, η	Suppe
σοφία, η	Weisheit
σπίρτο, το	Streichholz
σπίτι, το	Haus
σπορ, το	Sport(art)
σπουδάζω	studieren
σπουδαίος	wichtig
σπρώχνω	drängeln, stoßen
σταθμός, ο	Bahnhof
σταματάω	stehenbleiben, zum Stehen bringen
σταμνί, το	Krug
σταυρός, ο	Kreuz
σταφύλι, το	Traube
σταχτοδοχείο, το	Aschenbecher
στέγη, η	Dach
στήθος, το	Brust
στιγμή, η	Augenblick, Moment
στόμα, το	Mund
στομάχι, το	Magen
στρίγγλα, η	Hexe
στρογγυλός	rund
συγγενείς, οι	die Verwandten

συγγενής	verwandt
συγνώμη!, συγνώμη, η	Verzeihung!, Entschuldigung
συγκρότημα, το	Gruppe (Musik-, Tanz-)
συγχαρητήρια, τα	Glückwunsche
συγχωρώ	verzeihen
συμβαίνει	es geschieht
συμπλήρωμα, το	Ergänzung
συναυλία, η	Konzert
συνάχι, το	Schnupfen
συνεχίζω	fortfahren
συνεχώς	fortwährend
συνηθίζω	(sich) gewöhnen
συνήθως	gewöhnlich
συνταγή, η	Rezept
συχνά	oft, häufig
σφουγγάρι, το	Schwamm
σφυρίζω	wehen, pfeifen
σχέδιο, το	Plan
σχολείο, το	Schule
σχόλιο, το	Kommentar

Τ

ταβέρνα, η	Taverne
ταβερνιάρης, ο	Tavernenwirt
τάβλι, το	Tavlispiel, -brett
ταινία, η	Film
ταιριάζω	passen
ταξί, το	Taxi
ταξιδεύω	reisen
ταξίδι, το	Reise
ταξιτζής, ο	Taxischauffeur
ταραμοσαλάτα, η	Fischrogensauce
τασάκι, το	Aschenbecher
ταχυδρόμος, ο	Briefträger
ταψί, το	Backblech
τελειώνω	beenden, fertig machen
τελετή, η	Feier
τέλος, το	Ende
τελοσπάντων	schließlich, endlich, eigentlich
τεμπέλης, ο	Faulpelz
Τετάρτη, η	Mittwoch
τέταρτο, το	Viertel
τέτοιος	solcher
τετράγωνος	viereckig
τέχνη, η	Kunst, Handwerk
τζάμπα	umsonst
τζατζίκι, το	Joghurtsauce (mit Gurke, Knoblauch, Dill)
τηγάνι, το	Pfanne
τηγανίζω	in der Pfanne braten
τηγανητός	gebraten
τηλεόραση, η	Fernsehen
τηλεπαιχνίδι, το	Quiz,Telespiel
τηλέφωνο, το	Telefon
τι;	was?
τίγρη, η	Tiger
τίνος;	wessen?
τίποτα	etwas, nichts
τόσο	so (bei Quantitätsangaben)
τόσος	so viel
τότε	dann
τουλάχιστον	am wenigsten, mindestens
τούτος	der da
τραγουδάω	singen
τραγούδι, το	Lied
τραπεζάκι, το	Tischchen, kleiner Tisch
τραπέζι, το	Tisch
τραπεζομάντιλο, το	Tischdecke
τρέμω	zittern

τρεις, τρία	drei
τρελός	verrückt, wahnsinnig
τρένο, το	Zug
τρέχω	laufen
τριαντάφυλλο, το	Rose
τρίγωνος	dreieckig
Τρίτη, η	Dienstag
τρομερός	furchtbar
τροχονόμος, ο	Verkehrspolizist
τρώω	essen
τσάι, το	Tee
τσάντα, η	Handtasche
τσαρδί, το	Hütte
τσέπη, η	(Kleider)tasche
τσιγάρα, τα	Zigaretten
τσίχλα, η	Kaugummi
τυλίγω	einwickeln
τυρί, το	Käse
τώρα	jetzt

Υ

υλικό, το	Material
υλικά, τα	Zutaten
υπάρχω	existieren
ύπνος, ο	Schlaf
ύστερα	später, dann, darauf
υφαντός	(hand)gewebt
ύφασμα, το	Stoff

Φ

φαγητό, το	Essen
φαρμακείο, το	Apotheke
φασαρία, η	Gedränge, Unruhe
φασολάκια, τα	grüne Bohnen
φεγγάρι, το	Mond
φέρνω	bringen
φέτα, η	Scheibe
(ε)φέτος	in diesem Jahr
φεύγω	weggehen, wegfahren
φθινόπωρο, το	Herbst
φίδι, το	Schlange (Tier)
φίλη, η	Freundin
φιλί, το	Kuß
φίλος, ο	Freund
φλιτζάνι, το	Tasse
φοβάμαι	Angst haben
φοβερός	furchtbar, schrecklich
φοιτητής, ο	Student
φορά, η	Mal
φόρεμα, το	Kleid
φούρναρης, ο	Bäcker
φούρνος, ο	Backofen, Bäckerei
φρέσκος	frisch
φτάνω	reichen, erreichen, ankommen
φτηνός	billig
φτωχός	arm
φύκι, το	Tang
φυλαχτό, το	Amulett
φυλάω	beschützen
φυσάει	es zieht, weht
φυσικός	natürlich
φωνάζω	rufen
φωνή, η	Stimme
φως, το	Licht
φωτιά, η	Feuer
φωτογραφείο, το	Fotogeschäft

φωτογραφία, η	Foto, Fotografie
φωτογράφος, ο	Fotograf

Χ

χαλάω	kaputtmachen, -gehen
χαμόγελο, το	Lächeln
χάπι, το	Tablette, Pille
χαρίζω	schenken
χαρούμενος	fröhlich, froh
χαρτί, το	Papier, Zettel
χαρτονόμισμα, το	Papiergeld
χαρτοσακούλα, η	Papiertüte
χείλη, τα	Lippen
χειμώνας, ο	Winter
χειρότερος	schlechter, schlimmer
χέρι, το	Hand
χοντρός	dick
χορεύω	tanzen
χορός, ο	Tanz
χρησιμοποιώ	verwenden, gebrauchen
χρήμα, το	Geld
χρήματα, τα	Geld
χριστιανός, ο	Christ
χρονιά, η	Jahr (im Ablauf)
χρόνια, τα	Jahre
χρόνος, ο	Jahr, Zeit
χρώμα, το	Farbe
χτένα, η	Kamm
χτίζω	bauen
χτυπάω	schlagen
χώνεψη, η	Verdauung
χωράω	Platz haben, Platz finden, fassen, passen
χωρίς	ohne

Ψ

ψάθινος	aus Stroh
ψαράς, ο	Fischer
ψάρεμα, το	Fischen
ψαρεύω	fischen
ψάρι, το	Fisch
ψαροπούλα, η	Fischerboot
ψαρόσουπα, η	Fischsuppe
ψαροτούφεκο, το	Harpune
ψάχνω	suchen
ψέμα, το	Lüge
ψεύτης, ο	Lügner
ψηλός	hoch, groß
ψήνω	braten, backen, rösten
ψητό, το	Braten, Bratenfleisch
ψιλά, τα	Kleingeld
ψιλός	fein, dünn, zart
ψυχίατρος	Nervenarzt, Psychiater
ψωμί, το	Brot
ψωνίζω	einkaufen

Ω

ώρα, η	Stunde, Zeit
ωραίος	schön
ωτορινολαρυγγολόγος, ο	Hals-Nasen-Ohrenarzt

A

ab	από
Abend	βράδι, το, βραδιά, η
abends	βράδι, το
aber	αλλά, όμως, μα
Abgase	καυσαέρια, τα
ablegen, -fahren	ξεκινάω
abputzen	σκουπίζω
Abteil	κουπέ, το
abtrocknen	σκουπίζω
abwaschen	πλένω
abwiegen	ζυγίζω
älter	μεγαλύτερος
jem. ärgern	πειράζω
Affe	μαϊμού, η
Alexander der Große	Μεγαλέξαντρος, ο
als	όταν, καθώς, σαν, άμα
alle	όλοι
alle die	όσοι
allein	μόνος
also (folgernd)	λοιπόν
alt	μεγάλος
alt (bei Sachen)	παλιός
alt (bei Lebensmitteln)	μπαγιάτικος
Alter	ηλικία, η
Altertümer	αρχαία, τα
Altgriechisch	αρχαία (ελληνικά), τα
Amulett	φυλαχτό, το
an	σε
anderer	άλλος
anders	αλλιώς
Anfang	αρχή, η
anfangen	αρχίζω
Angelhaken	αγκίστρι, το
Angelhakenschnur	παραγάδι, το
Angst haben	φοβάμαι
ankommen	φτάνω
Annonce	αγγελία, η
anrufen	παίρνω (στο τηλέφωνο)
anschauen	κοιτάζω
ansehen	κοιτάζω
Anstieg	ανήφορος, ο
antik	αρχαίος
Antwort	απάντηση, η
anzünden	ανάβω
Anzug	κοστούμι, το
Apfel	μήλο, το
Apfelsine	πορτοκάλι, το
Apotheke	φαρμακείο, το
Apparat	μηχανή, η
Appetit	όρεξη, η
Arbeit	δουλειά, η
arbeiten	δουλεύω
Archäologie	αρχαιολογία, η
argentinisch	αργεντινός
arm	φτωχός
armer	καημένος
Arzt	γιατρός, ο
praktischer	παθολόγος, ο
Arztpraxis	ιατρείο, το
Aschenbecher	τασάκι, το, σταχτοδοχείο, το
Atelier	ατελιέ, το
Aubergine	μελιτζάνα, η
auch	και
auch nicht	ούτε
auf	σε
auf jeden Fall	οπωσδήποτε
aufhängen	κρεμάω
aufhören	τελειώνω, παύω
aufmachen	ανοίγω
aufpassen	προσέχω

(sich) aufregen	νευριάζω
aufwachen	ξυπνάω
aufwecken	ξυπνάω (κάποιον)
aufziehen (jmd.)	πειράζω
Aufzug	ασανσέρ, το
Auge	μάτι, το
Augenarzt	οφθαλμίατρος, ο
Augenblick	στιγμή, η
aus	από
Ausländer	ξένος, ο
außer	εκτός από
Aussicht	θέα, η
auswählen	διαλέγω
ausziehen	βγάζω
Auto	αυτοκίνητο, το
Autofahrer	αυτοκινητιστής, ο

B

Baby	μωρό, το
backen	ψήνω
Backofen	φούρνος, ο
Badeanzug	μαγιό, το
Badehose	μαγιό, το
Bäcker	φούρναρης, ο
Bäckerei	φούρνος, ο
Bär	αρκούδα, η, αρκούδι, το
Bahnhof	σταθμός, ο
Bakteriologe	μικροβιολόγος, ο
Ball	μπάλα, η
Ballett	μπαλέτο, το
Balkon	μπαλκόνι, το
Band	λουρίδα, η, κορδέλα, η
Barbe	μπαρμπούνι, το
Bart	γένια, τα
Basilikum	βασιλικός, ο
Baskenmütze	μπερές, ο
Basket(ballspiel)	μπάσκετ, το
Batterie	μπαταρία, η
Bauch	κοιλιά, η
bauen	χτίζω
Becher	ποτήρι, το
beenden	τελειώνω, παύω
beginnen	αρχίζω
bei	σε
Bein	πόδι, το
bekommen	παίρνω
belästigen	ενοχλώ
bemerken	προσέχω
Benzin	βενζίνη, η
Berg	βουνό, το
beschimpfen	βρίζω
beschützen	φυλάω
besprengen	ραντίζω
besser	καλύτερος
Besteck	μαχαιροπίρουνα, τα
bestellen	παραγγέλνω
Bestellung	παραγγελία, η
bewässern	ποτίζω
sich betrinken	μεθάω
Bett	κρεβάτι, το
bevor	πριν
Bewegung	κίνηση, η
bezahlen	πληρώνω
Bier	μπίρα, η
billig	φτηνός
sich binden	δένομαι
Birne	αχλάδι, το
Bissen	μπουκιά, η
ein bißchen	λιγάκι
bitten	παρακαλώ, ζητάω
bitter	πικρός
bittesehr	ορίστε
blau	μπλε

bleiben	μένω
Blick	θέα, η
Blumentopf	γλάστρα, η
Blut	αίμα, το
Boden (Grund)	πάτος, ο
grüne Bohnen	φασολάκια, τα
Boot	βάρκα, η
Bräutigam	γαμπρός, ο
Brand	πυρκαγιά, η
braten	ψήνω
Braten	ψητό, το
Bratenfleisch	ψητό, το
brauchen	έχω ανάγκη από
Braut	νύφη, η
bravo	μπράβο
Brief	γράμμα, το
Briefträger	ταχυδρόμος, ο
bringen	φέρνω
Brot	ψωμί, το
Brust	στήθος, το
Buch	βιβλίο, το
Büro	γραφείο, το
Bug	πλώρη, η
junger Bursche	παλικάρι, το
Bus	λεωφορείο, το

C

Clique	παρέα, η
Christ	χριστιανός
Creme	κρέμα, η

D

Dach	στέγη, η
Dame	κυρία, η
danach	έπειτα, μετά
daneben	πλάι, δίπλα
danken	ευχαριστώ
dann	μετά, έπειτα, τότε, ύστερα
darauf	ύστερα
darin	μέσα
darüber hinaus	παραπάνω
darum	γι' αυτό
daß	πως, ότι, που
der da	τούτος
derselbe	ίδιος, ο
deshalb	γι' αυτό
deutlich	καθαρός
deutsch	γερμανικός
Deutsche	Γερμανίδα, η
Deutscher	Γερμανός, ο
Deutschland	Γερμανία, η
dick	χοντρός
dieser	αυτός, -ή, -ό
Dienstag	Τρίτη, η
Dill	άνηθος, ο
direkt	κατευθείαν
dirigieren	διευθύνω (μιαν ορχήστρα)
doch	όμως
Donnerstag	Πέμπτη, η
dort, dorthin	εκεί
drängeln	σπρώχνω
Drama	δράμα, το
draußen	έξω
sich drehen	γυρίζω
drei	τρεις, τρία
dreieckig	τρίγωνος
drinnen	μέσα
drüben	πέρα
du	εσύ
dünn	ψιλός
dunkel	σκούρος
durcheinander-bringen	ανακατώνω
Durst haben	διψάω

E

Ecke	γωνιά, η
Ehering	βέρα, η
Ei	αυγό, το
Eier-Zitronen-Sauce	αυγολέμονο, το
eigenartig	ιδιότροπος
eigentlich	τελοσπάντων
eilig	βιαστικός
einer nach dem anderen	ένας ένας
eingeladen	καλεσμένος
einige	μερικοί
einkaufen	ψωνίζω
einladen	καλώ
eins	ένα
einschmieren	πασαλείβω
Eintrittskarte	εισιτήριο, το
einwickeln	τυλίγω
einzeln	ξεχωριστός, ένας ένας
Eis	παγωτό, το
Eisen	σίδερο, το
Eiseskälte	παγωνιά, η
eiskalt	παγωμένος
Elektroherd	κουζίνα ηλεκτρική, η
Eltern	γονείς, οι
empfinden	νιώθω
Ende	τέλος, το
endlich	επιτέλους
Ente	πάπια, η
entschädigen	αποζημιώνω
Entschuldigung	συγνώμη, η
erfrischend	δροσερός
Ergänzung	συμπλήρωμα, το
erklären	εξηγώ
erreichen	φτάνω, πετυχαίνω, προλαβαίνω
erschaffen	φτιάχνω
erwachsen	μεγάλος
erzielen	πετυχαίνω
Esel	γαϊδούρι, το
Essen	φαγητό, το
essen	τρώω
Essig	ξίδι, το
etwas	λίγο, τίποτα, λιγάκι, κάτι
Europa	Ευρώπη, η
existieren	υπάρχω

F

Fabrik	εργοστάσιο, το
fahren	πηγαίνω, πάω
Fahrer	οδηγός, ο
Fahrgast	επιβάτης, ο
Fahrkarte	εισιτήριο, το
fallen	πέφτω
fangen	πιάνω
Farbe	χρώμα, το
fassen	πιάνω, χωράω
fasten	νηστεύω
faul (bei Lebensmitteln)	σάπιος
Faulpelz	τεμπέλης, ο
fegen	σκουπίζω
fehlen	λείπω
Fehler	λάθος, το
Feier	τελετή, η, γιορτή, η
fein	ψιλός, λεπτός
Feinschmecker	καλοφαγάς, ο
Feld	κάμπος, ο
Felsen	βράχια, τα, βράχος, ο
Fernsehen	τηλεόραση, η
fertig	έτοιμος
fertigmachen	τελειώνω

sich fesseln	δένομαι
Feuer	φωτιά, η
Feuerschote	καυτερή πιπεριά, η
Fieber	πυρετός, ο
Film	έργο, το
finden	βρίσκω
Fisch	ψάρι, το
fischen	ψαρεύω
Fischen	ψάρεμα, το
Fischer	ψαράς, ο
Fischerboot	ψαροπούλα, η
Fischrogensauce	ταραμοσαλάτα, η
Fischsuppe	ψαρόσουπα, η
Fleisch	κρέας, το
fleißig	επιμελής
Fluß	ποτάμι, το
Forstwirtschaft	δασολογία, η
Forstwirtschaftler	δασολόγος, ο
fortfahren	προχωράω, συνεχίζω
fortschreiten	προχωράω
fortwährend	συνεχώς
Foto	φωτογραφία, η
Fotogeschäft	φωτογραφείο, το
Fotograf	φωτογράφος, ο
Fotografie	φωτογραφία, η
fotografieren	βγάζω φωτογραφία
Fräulein	δεσποινίδα, η, δεσποινίς, η
Frage	ερώτηση, η
fragen	ρωτάω
Frau	κυρία, η, γυναίκα, η
alte Frau	γριά, η
frei	ελεύθερος
Freitag	Παρασκευή, η
Fremde, die	ξενιτιά, η, ξένα, τα
Fremder	ξένος, ο
Freund	φίλος, ο
Freundin	φίλη, η
frisch	φρέσκος
fröhlich	χαρούμενος
froh	χαρούμενος
früh	νωρίς
Frühling	άνοιξη, η
fühlen	νιώθω
Führer	οδηγός, ο
füllen	γεμίζω
fünf	πέντε
für	για
furchtbar	φοβερός, τρομερός
Fuß	πόδι το
Fußball	ποδόσφαιρο, το
Fußballspieler	ποδοσφαιριστής, ο
Fußboden	πάτωμα, το

G

Gabel	πιρούνι, το
Gedränge	φασαρία, η
ganz	όλος
Gärtchen	περιβολάκι, το
Gast	ξένος, ο
Gastwirt	εστιάτορας, ο
geben	δίνω
gelobt	παινεμένος
Geißblatt	αγιόκλημα, το
es gibt	έχει
gießen	ποτίζω
gebraten	τηγανητός
gebrauchen	χρησιμοποιώ
Geburtstag	γενέθλια, τα
geeignet	κατάλληλος
Gefahr	κίνδυνος, ο
gefallen	αρέσω

gegen	εναντίον
im Gegenteil	ίσα ίσα
gegenüber	απέναντι
sei(d) gegrüßt!	γειά χαρά!
gehen	πηγαίνω, πάω
gelb	κίτρινος
Geld	χρήμα, το, χρήματα, τα, λεφτά, τα
Gelegenheit	ευκαιρία, η
Gemälde	πίνακας, ο
Gemüsehändler	μανάβης, ο
genau (Adv.)	ακριβώς
genügend	αρκετός
gerade (temp.)	μόλις
Gerechtigkeit	δικαιοσύνη, η
geringster	ελάχιστος
gern	ευχαρίστως
Geschäft	κατάστημα, το
Geschichte	ιστορία, η
Gesellschaft	παρέα, η, κοινωνία, η
Gespött	κορόιδο, το
Getränk	ποτό, το
getrennt	ξεχωριστός
gewinnen	κερδίζω
sich gewöhnen	συνηθίζω
gewöhnlich	συνήθως
Glas	ποτήρι, το
glauben	πιστεύω, νομίζω
glücklicherweise	ευτυχώς
Glückwünsche	συγχαρητήρια, τα
Glühbirne	γλόμπος, ο
glühend	καυτερός
Gottesdienst	λειτουργία, η
Gramm (Plur.)	γραμμάρια, τα
Grammatik	γραμματική, η
grau	γκρίζος
greifen	πιάνω
Greis	γέρος, ο
Grieche	Έλληνας, ο, Ρωμιός, ο
Griechenland	Ελλάδα, η
Griechin	Ελληνίδα, η
griechisch	ελληνικός
Grippe	γρίππη, η
Größe (bei Kleidungsstücken)	νούμερο, το
größer	μεγαλύτερος
groß	ψηλός, μεγάλος
Großmutter	γιαγιά, η
Großvater	παππούς, ο
grün	πράσινος
grüne Bohnen	φασολάκια, τα
Grund (Boden)	πάτος, ο
Gruppe	παρέα, η, ομάδα, η
Gürtel	ζώνη, η
Gurke	αγγούρι, το
Gurken-Tomaten-Salat	αγγουροντοματοσαλάτα, η
gut	καλός

H

haben	έχω
hängen	κρεμάω
Häppchen	μεζές, ο
häßlich	άσχημος
häufig	συχνά
halb	μισός
hallen	αντηχώ
Hals	λαιμός, ο
Hals-Nasen-Ohrenarzt	ωτορινολαρυγγολόγος, ο
Hand	χέρι, το
handgewebt	υφαντός
Handtasche	τσάντα, η
Handwerk	τέχνη, η

Harpune	ψαροτούφεκο, το, καμάκι, το
hart	σκληρός
Haus	σπίτι, το
Hauswirt	νοικοκύρης, ο
heiß	καυτός, ζεστός
Held	ήρωας, ο
helfen	βοηθάω
herausgehen	βγαίνω
herauskommen	βγαίνω
herausziehen	βγάζω
Herbst	φθινόπωρο, το
Herd	ηλεκτρική κουζίνα, η
hereingehen	μπαίνω
hereinkommen	μπαίνω
Herr	κύριος, ο
Herz	καρδιά, η
heute	σήμερα
heute abend	απόψε
heute nacht	απόψε
Hexe	στρίγγλα, η, μάγισσα, η
hier, hierhin	εδώ
Hilfe	βοήθεια, η
Himmel	ουρανός, ο
hin und wieder	πού και πού
hinabgehen	κατεβαίνω
hinabsteigen	κατεβαίνω
hinaufgehen	ανεβαίνω
hinausgehen	βγαίνω
hinauskommen	βγαίνω
hinein	μέσα
hineingehen	μπαίνω
hineinkommen	μπαίνω
sich hinlegen	ξαπλώνω
hinten	πίσω
hinzufügen	προσθέτω
hoch	ψηλός
Hochzeit	γάμος,ο
Hocker	σκαμνί, το
Hof	αυλή, η
hören	ακούω
Hörer (beim Telefon)	ακουστικό, το
Hörgerät	ακουστικό, το
hoffen	ελπίζω
Hoffnung	ελπίδα, η
Hose	παντελόνι, το
Hotel	ξενοδοχείο, το
hübsch	όμορφος
hüpfen	πηδάω
Hütte	τσαρδί, το
Hund	σκυλί, το, σκύλος, ο
Hunger haben	πεινάω
Hut	καπέλο, το
Hyazinthe	ζουμπούλι, το

I

ich	εγώ
ihr	εσείς
immer	πάντα
in	σε
Insel	νησί, το
interessieren (jmd.)	ενδιαφέρω
Internist	εντερολόγος, ο
inzwischen	εντωμεταξύ
irgendeiner	κανείς, κάποιος
irgendwie	κάπως
irgendwo	κάπου
irgendwohin	κάπου

J

ja	ναι, μάλιστα
Jacke	ζακέτα, η
Jackett	σακάκι, το

Jahr (im Ablauf)	χρονιά, η
Jahr	χρόνος, ο
Jahre	χρόνια, τα
je	από
jedenfalls	πάντως
jeder	καθένας, ο, κάθε
jemals	ποτέ
jemand	κάποιος
jener	εκείνος
jetzt	τώρα
Joghurt	γιαούρτι, το
jung	νέος, μικρός
Junge	αγόρι, το

K

Käse	τυρί, το
Kälte	παγωνιά, η
Kaffee	καφές, ο
Kaffeehaus	καφενείο, το
Kaffeehauswirt	καφετζής, ο
kalt	κρύος
Kamm	χτένα, η
Kampf	αγώνας, ο
kaputtmachen, -gehen	χαλάω
Karagöz-Schattenspiel	Καραγκιόζης, ο
Kardiologe	καρδιολόγος, ο
Karotte	καρότο, το
Kartoffel	πατάτα, η
Kater	γάτος, ο
Katze	γάτα η
kauen	μασάω
kaufen	αγοράζω
Kaugummi	τσίχλα, η
Kellner	γκαρσόνι, το
kennen	γνωρίζω
Kilo	κιλό, το
Kind	παιδί, το
Kinder-	παιδικός
Kirche	εκκλησία, η
klassisch	κλασικός
Kleid	φόρεμα, το
klein	κοντός, μικρός
Kleiner	μικρούλης, ο
Kleingeld	ψιλά, τα
Klima	κλίμα, το
Klimaanlage	αιρ κοντίσιον, το
(Privat)klinik	κλινική, η
Kloster	μοναστήρι, το
klug	έξυπνος
Knoblauch	σκόρδο, το
Knoten	κόμπος, ο
Koch	μάγειρας, ο
kochen	μαγειρεύω
kochend heiß	καυτός
Kochtopf	κατσαρόλα, η
Köder	δόλωμα, το
können	μπορώ
Kohl	λάχανο, το
komisch	παράξενος
komm!	έλα!
Kommentar	σχόλιο, το
Komödie	κωμωδία, η
Konzert	συναυλία, η
Kopf	κεφάλι, το
Kopfweh	πονοκέφαλος ο
Kopfsalat	μαρούλι, το
Koralle	κοράλλι, το
Korb	καλάθι, το
Kordel	κορδέλα, η
Kraft	δύναμη, η
kräftig	δυνατός
krank	άρρωστος
Krankenhaus	νοσοκομείο, το
Krankenwagen	πρώτων βοηθειών, το
Krankheit	αρρώστια, η
Kreuz	σταυρός, ο

Krug	σταμνί, το
Küche	κουζίνα, η
kühl	δροσερός
Kummer	καημός, ο
Kunde	πελάτης, ο
Kundin	πελάτισσα, η
Kunst	τέχνη, η
kurz	κοντός
Kuß	φιλί, το

L

lachen	γελάω
Lächeln	χαμόγελο, το
Lärm	θόρυβος, ο
Lamm	αρνάκι, το
Lampe	λάμπα, η
lang	μακρύς
langsam	σιγά σιγά
lassen	αφήνω
laufen	τρέχω
laut	δυνατά
Lautsprecher	μεγάφωνο, το
Leben	ζωή, η
leben	ζω
leb(t) wohl	στο καλό!, γεια σας
leer	άδειος
legen	βάζω
lehren	διδάσκω
leicht	εύκολος, ελαφρός
leider	δυστυχώς
leiten	διευθύνω
lernen	μαθαίνω
lesen	διαβάζω
Leute	κόσμος, ο
Licht	φως, το
Liebe	αγάπη, η
lieben	αγαπάω
Lied	τραγούδι, το
Limonade	λεμονάδα, η
links	αριστερός
Lippen	χείλη, τα
Löffel	κουτάλι, το
Lösung	λύση, η
Löwe	λιοντάρι, το
Lokal	κατάστημα, το
losfahren, -gehen	ξεκινάω
Lüge	ψέμα, το
lügen	λέω ψέματα
Lügner	ψεύτης, ο
Luftzug	ρεύμα, το

M

machen	κάνω
Macht	δύναμη, η
mächtig	δυνατός
Mädchen	κορίτσι, το, κοπέλα, η, κοπελιά, η
Magen	στομάχι, το
Makkaroni	μακαρόνια, τα
Mal	φορά, η
malen	ζωγραφίζω
Maler	ζωγράφος, ο
Mama	μαμά, η
Mandelbaum	αμυγδαλιά, η
Mandeln	αμυγδαλές, οι
Mann	άντρας, ο
Mannschaft	ομάδα, η
Marmor	μάρμαρο, το
Masse	μάζα, η, πλήθος, το
Material	υλικό, το
Matrose	ναύτης, ο
Maus	ποντίκι, το
Meer	θάλασσα, η
Meerjungfrau	γοργόνα, η

mehr	περισσότερος
meinen	πιστεύω, νομίζω, εννοώ
Melodie	σκοπός, ο
Mensch	άνθρωπος, ο
merkwürdig	παράξενος, ιδιότροπος
Messer	μαχαίρι, το
Messerstich	μαχαιριά, η
Milch	γάλα, το
Minute	λεπτό, το
mischen	ανακατώνω
Mißverständnis	παρεξήγηση, η
mit	με
Mittag	μεσημέρι, το
Mitte	μέση, η
Mittelmeer	Μεσόγειος (θάλασσα), η
Mittwoch	Τετάρτη, η
modern	μοντέρνος
Möhre	καρότο, το
Moment	στιγμή, η
Monat	μήνας, ο
Mond	φεγγάρι, το
Montag	Δευτέρα, η
Morgen	πρωί, το
morgen	αύριο
morgens	πρωί, το
Motorboot	βενζίνα, η
Münze	νόμισμα, το
Mund	στόμα, το
Musik	μουσική, η
muß	πρέπει

N

nach	σε
Nachbar	γείτονας, ο
nachdem	αφού
Nachmittag	απόγευμα, το
Nachrichten	νέα, τα, ειδήσεις, οι
Nacht	νύχτα, η
Nachtisch	ντεσέρ, το
nächtlich	νυχτερινός
nämlich	δηλαδή
nagen	ροκανίζω
nahe	κοντά
Nase	μύτη, η
Nationalhymne	εθνικός ύμνος
natürlich	φυσικός
neben	δίπλα, πλάι
necken	πειράζω
nehmen	παίρνω
nein	όχι
Netz	δίχτυ, το
neu	καινούριος
Neuigkeiten	νέα, τα
neulich	προχτές
nicht	μη(ν), όχι, δε(ν)
nicht einmal	ούτε
nichts	τίποτα
nie	ποτέ
niemand	κανείς
nirgends	πουθενά
nirgendwohin	πουθενά
noch	ακόμα
Notwendigkeit	ανάγκη, η
Nudeln	μακαρόνια, τα
nüchtern	νηστικός
nur	μόνο

O

ob	αν
oben	(ε)πάνω
Obst- und Gemüseladen	μανάβικο, το
obwohl	ενώ
oder	ή

öffnen	ανοίγω
Öl	λάδι, το
Ofenkartoffeln	πατάτες του φούρνου
oft	πολλές φορές, συχνά
ohne	χωρίς
Ohr	αφτί, το
o.k.	εντάξει
Olive	ελιά, η
in Ordnung	εντάξει
Orthopäde	ορθοπεδικός, ο

P

Papa	μπαμπάς, ο
Papier	χαρτί, το
Papiergeld	χαρτονόμισμα, το
Papierkorb	καλάθι αχρήστων, το
Papiertüte	χαρτοσακούλα, η
passen	ταιριάζω, χωράω
Pause	διάλειμμα, το
Peperoni	πιπεριά, η
Person	άτομο, το, πρόσωπο, το
Pfanne	τηγάνι, το
Pfarrer	παπάς, ο
pfeifen	σφυρίζω
Pfeffer	πιπέρι, το
Pille	χάπι, το
Pistole	πιστόλι, το
Plan	σχέδιο, το
Plastik, aus Plastik	νάυλον, το, πλαστικός
Platz finden	χωράω
plötzlich	ξαφνικά
Pomeranzenbaum	νερατζιά, η
Programm	πρόγραμμα, το
Prüfung	εξέταση, η
Puppe	κούκλα, η

Q

Quark	μυζήθρα, η

R

Radio	ραδιόφωνο, το
rauchen	καπνίζω
Rechnung	λογαριασμός, ο
recht haben	έχω δίκιο
rechts	δεξιός
Regen	βροχή, η
Regenmantel	αδιάβροχο, το
reich	πλούσιος
reichen	φτάνω
reinigen	καθαρίζω
Reis	ρύζι, το
Reise	ταξίδι, το
reisen	ταξιδεύω
Reklame	ρεκλάμα, η, διαφήμιση, η
Reportage	ρεπορτάζ, το, ανταπόκριση, η
Rest	υπόλοιπο, το
Restgeld	ρέστα, τα
Rezept	συνταγή, η
Rind	μοσχάρι, το
rösten	ψήνω
Rose	τριαντάφυλλο, το
rot	κόκκινος
rote Beete	παντζάρι, το
Rucksack	σακίδιο, το
rüstig	γερός
Ruder	κουπί, το

rufen	φωνάζω
Ruhe	ησυχία, η
rund	στρογγυλός
Runde	γύρος, ο
rundherum	γύρω

S

Sache	πράμα, το
sagen	λέω
Sahne	κρέμα, η
Salat	σαλάτα, η
Salz	αλάτι, το
Samstag	Σαββάτο, το
Sandalen	πέδιλα, τα
Sandstrand	αμμουδιά, η
Sardine	σαρδέλα, η
sauber	καθαρός
sauer	ξινός
schade!	κρίμα!
scharf	καυτερός
Schatten	ίσκιος, ο
Schatten(spiel)-theater	θέατρο σκιών, το
Scheibe	φέτα, η
schenken	χαρίζω
Schiff	καράβι, το
Schiffsmast	κατάρτι, το
Schild	πινακίδα, η
schimpfen	βρίζω
Schirm	ομπρέλα, η
Schlacht	μάχη, η
Schlaf	ύπνος, ο
schlagen	χτυπάω, δέρνω
Schlange (Tier)	φίδι, το
schlecht	άσχημος, κακός
schlechter	χειρότερος
schlimm	κακός
schlucken	καταπίνω

Schmach	κρίμα, το
schmackhaft	νόστιμος
schmal	στενός
Schmerz	πόνος, ο
schmerzen	πονάω
Schmerzen haben	πονάω
schneiden	κόβω
schnell	γρήγορος
Schnupfen	συνάχι, το
schön	ωραίος
Schönheit	ομορφιά, η
schon	κιόλας
schrecklich	φοβερός, τρομερός
schreiben	γράφω
Schreibtisch	γραφείο, το
Schüler	μαθητής, ο
Schuh	παπούτσι, το
Schule	σχολείο, το
schwach	αδύνατος
Schwamm	σφουγγάρι, το
Schwan	κύκνος, ο
schwarz	μαύρος
Schwertfisch	ξιφίας, ο
Schwiegermutter	πεθερά, η
Schwiegervater	πεθερός, ο
schwierig	δύσκολος
schwimmen	κολυμπάω
schwitzen	ιδρώνω
See, der	λίμνη, η
Seemann	ναύτης, ο, ναυτικός, ο
Seezunge	γλώσσα, η
segnen	ευλογώ
sehen	βλέπω
sehr	πολύ
seiden	μεταξωτός
Seil	σκοινί, το
seit	από
Sekunde	δευτερόλεπτο, το

selbst	ίδιος, ο
ich selbst	εαυτός μου, ο
Serviette	πετσέτα, η
setzen	βάζω
sich setzen	κάθομαι
sicher	σίγουρα, ασφαλώς, βέβαια
Sie	εσείς
sieden	βράζω
silbern	ασημένιος
Sinfonieorchester	συμφωνική ορχήστρα, η
singen	τραγουδάω
sitzen	κάθομαι
Sitzplatz	θέση, η
so (quantitativ)	τόσο
so (qualitativ)	έτσι
so viel	τόσος
sobald	μόλις
sofort	αμέσως
Sohn	γιος, ο
solcher	τέτοιος
Sommer	καλοκαίρι, το
sondern	αλλά
Sonne	ήλιος, ο
Sonnenbad	ηλιοθεραπεία, η
Sonnenglut	λιοπύρι, το
Sonntag	Κυριακή, η
sonst	αλλιώς
spät	αργά
später	έπειτα, ύστερα, αργότερα
Spaziergang	βόλτα, η
spendieren	κερνάω
Spiegel	καθρέφτης, ο
Spiel	παιχνίδι, το
spielen	παίζω
Spitze	άκρο, το
sportlich	αθλητικός
Sprache	γλώσσα, η
sprechen	μιλάω
Sprichwort	παροιμία, η
springen	πηδάω
spülen	πλένω
Stadt	πόλη, η
stattfinden	γίνομαι
stehenbleiben	σταματάω
Stein	πέτρα, η
stellen	βάζω
Stimme	φωνή, η
stinken	βρωμάω
Stockwerk	πάτωμα, το
stören	ενοχλώ
Stoff	ύφασμα, το
stoßen	σπρώχνω
(Geld)Strafe	πρόστιμο, το
strahlen	λάμπω
Strand	γιαλός, ο, ακρογιάλι, το
Straße	δρόμος, ο
Streichholz	σπίρτο, το
Strömung	ρεύμα, το
Strom	ρεύμα, το
Stückchen	κομματάκι, το
Student	φοιτητής, ο
studieren	σπουδάζω
stürzen	γκρεμίζω
Stufen	σκαλοπάτια, τα
Stunde	ώρα, η
suchen	ζητάω, ψάχνω
süß	γλυκός
Süßigkeit	γλυκό, το
Suppe	σούπα, η
Szene	σκηνή, η

T

Tablette	χάπι, το
Tag	μέρα, η

Tang	φύκι, το
Tanz	χορός, ο
tanzen	χορεύω
Tasche (in Kleidern)	τσέπη, η
Tasse	φλιτζάνι, το
tauchen	βουτάω
Taufe	βαφτίσια, τα
Taverne	ταβέρνα, η
Taxi	ταξί, το
Taxichauffeur	ταξιτζής, ο
Tee	τσάι, το
Teelöffel	κουταλάκι, το
Teigwaren	μακαρόνια, τα
Telefon	τηλέφωνο, το
telefonieren	παίρνω (στο) τηλέφωνο
Telespiel	τηλεπαιχνίδι, το
Teller	πιάτο, το
Tempel	ναός, ο
teuer	ακριβός
Text	κείμενο, το
Theater	θέατρο, το
Tiger	τίγρη, η
Tisch	τραπέζι, το
Tischdecke	τραπεζομάντιλο, το
Tomate	ντομάτα, η
Träne	δάκρυ, το
Traube	σταφύλι, το
Traum	όνειρο, το
traurig	λυπημένος
Treppenstufe	σκαλί, το
treten	πατάω
trinken	πίνω
Trinkgeld	μπουρμπουάρ, το
Tür	πόρτα, η
Tüte	σακούλα, η
tun	κάνω

U

über	για
überhaupt (nicht)	καθόλου
übrigens	κατά τα άλλα
Übung	άσκηση, η
umsonst	τζάμπα
unbedingt	οπωσδήποτε
und	και
und nicht	ούτε
ungefähr	περίπου
Universität	πανεπιστήμιο, το
unten	κάτω
Unterricht	μάθημα, το
Unterschied	διαφορά, η

V

Vater	πατέρας, ο
verbringen	περνάω
Verdauung	χώνεψη, η
verdorben	σάπιος, χαλασμένος
verflucht	καταραμένος
vergangen	περασμένος
Vergangenheit	παρελθόν, το
vergessen	ξεχνάω
verkaufen	πουλάω
Verkäuferin	πωλήτρια, η
Verkehr	κίνηση, η
Verkehrspolizist	τροχονόμος, ο
verlangen	ζητάω
Verlobter	αρραβωνιαστικός, ο
vernichten	καταστρέφω
verrückt	τρελός
Verspätung	καθυστέρηση, η
verspäten (sich)	αργώ
verstehen	καταλαβαίνω

verwandt	συγγενής
Verwandte	συγγενείς, οι
verwenden	χρησιμοποιώ
verzeihen	συγχωρώ
Verzeihung!	με συγχωρείτε!, συγνώμη!
viel	πολύς
vielleicht	ίσως
vielleicht?	μήπως;
viereckig	τετράγωνος
Viertel	τέταρτο, το
Viertel (Nachbarschaft)	γειτονιά, η
voll	γεμάτος
von	από
vorbeigehen	περνάω
vorne	μπροστά
Vorspeise	μεζές, ο
Vorwand	αφορμή, η
vorübergehen	περνάω
vorwärts	εμπρός
vorwärtsgehen, -kommen	προχωράω

W

während	καθώς
währenddessen	εντωμεταξύ
wahnsinnig	τρελός
wahrscheinlich	μάλλον
Wald	δάσος, το
Wanderer	οδοιπόρος, ο
wann?	πότε;
warm	ζεστός
warten	περιμένω
warum?	γιατί;
was?	τι;
waschen	πλένω
Wasser	νερό, το
Wasserhahn	βρύση, η
weder ... noch	ούτε ... ούτε
Weg	δρόμος, ο
wegfahren	φεύγω
weggehen	φεύγω
es weht	φυσάει
Weihrauchfaß	θυμιατό, το
weil	γιατί, αφού, επειδή
Wein	κρασί, το
weinen	κλαίω
Weisheit	σοφία, η
weiß	άσπρος
weit weg	μακριά
weiter	παρακάτω
weitergehen	προχωράω
welcher?	ποιος;
Welle	κύμα, το
Welt	κόσμος, ο
wenig	λίγος
am wenigsten, wenigstens	τουλάχιστον
wenn	όταν, σα(ν), αν, άμα
wer?	ποιος;
wer	όποιος
werfen	ρίχνω
Werk	έργο, το
wessen	τίνος;
Wetter	καιρός, ο
wichtig	σπουδαίος
wie	σα(ν), όπως
wieder	πάλι
wiederholen	ξαναλέω
wiegen (in den Schlaf)	νανουρίζω
wieviel?	πόσο;
Wind	αέρας, ο
Winter	χειμώνας, ο
wir	εμείς

wissen	ξέρω, γνωρίζω
wo?	πού;
wo	όπου, που
Woche	βδομάδα, η
Wochenende	Σαββατοκύριακο, το
wohin?	πού;
wohnen	μένω
wollen	θέλω
Wort	λέξη, η
Worte	λόγια, τα
Würfel	ζάρι, το, κύβος, ο
Wunde	πληγή, η
Wunder	θαύμα, το
wunderbar!	θαύμα!

Z

zählen	μετράω
Zahn	δόντι, το
Zahnarzt	οδοντογιατρός, ο
zart	ψιλός, λεπτός
zeigen	δείχνω
Zeit	καιρός, ο, ώρα, η
Zeitschrift	περιοδικό, το
Zeitung	εφημερίδα, η
zerreißen	σκίζω
zerstampfen	κοπανίζω
zerstören	καταστρέφω
es zieht	φυσάει
Ziehung	κλήρωση, η
Ziffer	νούμερο, το
Zigaretten	τσιγάρα, τα
Zimmer	δωμάτιο, το
zittern	τρέμω
Zitrone	λεμόνι, το
zu	σε
Zubereitung	εκτέλεση, η
Zucker	ζάχαρη, η
zuerst	πρώτα
Zug	τρένο, το
zunächst	πρώτα
Zunge	γλώσσα, η
Zungenbrecher	γλωσσοδέτης, ο
zurückkehren	γυρίζω
zusammen	μαζί
Zustand	κατάσταση, η
zwei	δύο, δυο
zweitens	δεύτερον
Zwieback	παξιμάδι, το
zwischen	μεταξύ

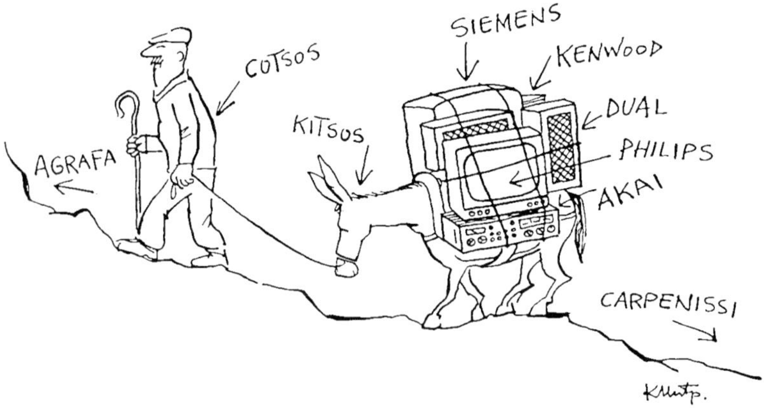